齐鲁文化经典文库

孙子兵法译注

田昌五　译注

孙膑兵法译注

李兴斌 邵斌　译注

齊鲁書社

《齐鲁文化经典文库》

出版说明

齐鲁大地是中华民族主流文化的主要发祥地，数千年来，生长在这里的齐鲁人，用自己的聪明和智慧创造了璀璨的文明。首先是在中华文化的整体框架中地位突出、做出重大贡献的先秦诸子，其中影响尤著者大部分生长于斯；其后历朝历代，几乎都有引领潮流、成就卓著的思想家、文学家、科学家等，他们为中华文化的形成和发展谱写了辉煌的篇章，同时也留下了一大批千古流传、影响深远的文化典籍。将这些记录着他们的思想、积淀着丰富厚重的文化内涵、为一代代中国人所承继的典籍系统地予以整理出版，从而进一步扩大齐鲁文化的影响，提高其在当代人中的认知度，促进中华优秀传统文化的积累、传承和弘扬，无疑具有重要的意义。鉴于此，我们向读者推出了这套“齐鲁文化经典文库”。该书的出版系由山东出版集团组织，具体工作由齐鲁书社负责实施。

通过有关专家论证，确定本“文库”的收录范围是那些由齐鲁籍人士（或有一说为齐鲁籍人士）著述的、已经独立成册、在中华历史文化典籍中堪称经典的著作；对像荀子这样原籍虽非齐鲁，但其主要政治生活是在齐鲁地域、其形成影响的思想和主要著述也产生在这里的个别作家，其经典著作也酌情收录。

收录的作品均采用现代标点本，除小说、戏曲之外，其余作品尽可能加以注释，而对先秦典籍则多数予以今译，以便于读者的阅读和理解。所收部分校注本因问世较早，其中难免存有时代的痕迹，诸如高亨先生的《周易大传今注》，陆侃如、牟世金先生的《文心雕龙译注》等，但这些著作是世人公认的具有权威性的注本，仍需得到我们的尊重。

对经典著述的整理出版绝非一日之功，因此，本“文库”在最初集中推出一批后，未出品种将陆续整理出版，谨此说明。

齐鲁书社

2009 年 3 月

孙子兵法译注

田昌五　译注

前言

《孙子兵法》是我国现存最古老的一部兵书,也是世界上最古老的兵书。它是中国兵学的奠基之作,为后世兵学所取法,故被称为兵经。它不仅是中国兵学之祖,孕育了中国兵学,而且对世界兵学产生着越来越大的影响,已成为现代世界兵学的重要来源,被列入世界兵学之宝库。

《孙子兵法》至今仍然具有强大的生命力。它不仅可以用于治军,用于现代战争,而且可以用于治国,用于经济管理,用于商业竞争,用于体育竞赛,等等。因而,它越来越受到各有关方面的重视,被应用于各种行业。之所以如此,在于它产生于我国古代的一次社会大变革的年代,集中反映了当时新出现的社会关系。即:富国强兵,文武并设,以全胜争于天下。统观全书,无处不洋溢着争胜的精神。所谓争胜,不仅是要在战场上克敌制胜,更重要的是在政治实力、经济实力、军事实力等等方面争取全面优胜,做到综合国力举世无双;所谓争胜,也不是单纯地争取军事上的胜利,而是要根据当时的"国际"形势,作出全面的战略部署,争取不战而胜。当然,在当时列国纷争的情况下,战争是不可避免的。但在实地战争中,也要争取全胜,即以最少的牺牲和代价争得最大的成果。这里所说的成果,不限于胜利的战果,而是取人之土地民人而有之,取人之城郭宫室而有之,取得天下而有之。书中所说"王霸之兵",此之谓也。王指三代之王,霸指春秋五霸,合三王五霸,以争胜于天下并赢得天下,这就是本书的根本宗旨。全书就是以此为中轴而展开的,一切战略战术都是由此而生并为此而用的。这是一部走向新时代的战争进行曲,奏出了时代的最强音,预示着一个新时代即将到来了。

这部时代进行曲的作者,就是站在那个时代前沿的孙武子。据《史记·孙子吴起列传》记载:"孙子武者,齐人也。以兵法见于吴王阖庐。

阖庐曰:‘子之十三篇,吾尽观之矣。’”由此可知,他原是齐国人,后来才到吴国去的。但仅此还无从得知其身份和来历,以致后世有怀疑其为孙膑者。1972年山东临沂银雀山汉墓出土竹书中有《孙子兵法》和《孙膑兵法》,说明孙武子和孙膑实非一人。他们的关系,当如《史记》所说:“膑亦孙武之后世子孙也。”不过,孙武子的身份和来历仍不清楚。只见《新唐书·宰相世系表》中有一段话,说孙武是齐国田书的孙子,因齐国内乱而奔吴,佐吴伐楚,并北上争霸中原,而且说他是齐之乐安人(原山东省惠民地区)。有些人就以此补《史记》之不足,以为这个疑案就算解决了。其实,这段材料是不可靠的。一则田书是田厘子乞之弟,而材料中说他是田乞之子田常之弟,兄弟叔侄全错了位;二则到田书之孙那个时候,吴国早已灭亡,他想奔吴都不可能了。这段材料既不可靠,只得另找线索。经过查证,发现了一位可疑的人物。此人名开,字开疆,号武子,乃齐国卿士田文子须无之孙,田桓子无宇之子也。他是田厘子乞之兄,按理应该由他继承卿位的,但此人却不见了。看来,只有他才是由齐奔吴的孙武子。

孙武子为什么让位奔吴,内情不详。但他为什么要奔吴,却可由当时的“国际”形势来说明。他大约和孔子(公元前551年—前479年)同时而略早,其时春秋争霸已近尾声。晋国内权归六卿,各自为政,互相争夺。齐国亦然,卿族之间的斗争接连不断。秦国僻处西戎,内部矛盾日益加剧,自顾不暇。楚国内部也乱了套,这只要提一下伍子胥由楚奔吴就足以说明问题了。当时吴国内部虽然也存在着一些问题,但它还是最有希望争夺霸主地位的。孙武子既然志在佐明主以取天下,他只有奔吴为好了。据有关材料,他和伍子胥是好朋友,二人应是大致同时奔吴的。

吴国虽然在极一时之盛之后很快就灭亡了,但《孙子兵法》却流传开来,保留下来了。之所以如此,在于它不是专为吴国而作的,而是适应时代之需要而作的。吴国之勃兴,证明它是一部杰作;吴国之速亡,同样证明它是一部杰作。这样的杰作是永远不朽的。后人尊孙武子为兵圣,就是最好不过的证明。早在公元前6世纪后期,中国就出了这么一位伟大的军政人物,写了这么一部不朽的杰作,我们应为此感到骄傲和自豪。这不仅是中国人民的宝贵财富,而且是中华民族提供给世界人民的宝贵财富。

《孙子兵法》虽然是一部军事著作,讲的主要是战争规律,但对我们建设有中国特色的社会主义,同样是有用的。从某种意义上说,它对我们今天的用途较之战争年代不是减小了,而是增大了;不是削弱了,而是增强了。何以言之?《孙子兵法》的立足点是战略进攻,速胜速决,可是我们进行的人民战争在长期内都是立足于战略防御的,只在最后两年才转入了战略进攻。所以在战争年代,它更多的是在战役和战术方面对我们有用处,在战略方面的用途是不大的。只有毛泽东才解决了这个问题,引导我党我军和我国各族人民取得了民主革命的伟大胜利。毛泽东可谓当代兵圣。我们更为中国出了个毛泽东而感到骄傲和自豪。但正如毛泽东所说,这不过是万里长征走完了第一步。建国后我们面临的主要问题是如何实现工业、农业、国防和科学技术的现代化,争取建设一个繁荣富强的现代文明国家。这就有一个战略转移的问题,有一个在全新的历史条件下的发展战略问题,有一个战略进攻即向四个现代化进军的问题。就这一点来说,孙武子的战略进攻思想就大可取法了,何况这种战略思想本来就是以综合国力的对比为前提的。环顾宇内,今日之世界和春秋末年颇为类似,中国是个大有希望的地方。世界注视着中国,看炎黄子孙正在奋起,千千万万当代孙武子一展雄姿的机会来到了。如前所说,《孙子兵法》中的思想闪光点在于争胜,我们要不要在实现四个现代化的征程中争胜,把名字刻在振兴中华的千秋丰碑上呢?我看要,你要他要我要,大家都需要。我们各条战线都要为此而争胜,各行各业都要为此而争胜,每个人都要在自己的岗位上用实际行动来争胜,争取达到世界水平,争取在不远的将来赶上并超过当今世界上最发达的西方国家。为此,我们在世界和平与战争的问题上也要争胜,争取用和平压倒战争,争取一个和平的国际环境。现在我们的国际机遇很好,我们要像《孙子兵法》中所说争取先机之利那样,抓好这次机遇。“禁祥去疑”,“不可取于鬼神,不可象于事,不可验于度”,实事求是,真抓实干,干出一番前无古人的事业来。过去我们要救亡图存，今天我们要以发展求生存，除此别无选择。不进则退，优胜劣汰。救亡图存是国之大事，在发展中求生存，也是国之大事。“国之大事，死生之地，存亡之道，不可不察也。”

有鉴于此，我决心挤时间把《孙子兵法》翻译出来。翻译出来，主要不是为了战争，而是为了和平与发展；主要不是为了内行，而是为了外行。我本人虽稍知兵书，但总的说是个外行。用孔夫子的话说，就是“军旅之事，未尝学也”。不过，外行也有外行的好处，这就是，可以把内行专用的法宝用之于外行，以军旅之理处理非军旅之事，让《孙子兵法》在军事以外的领域焕发出新时代的光彩。我不想抢行，但要借光，把光带给所有的外行。

《孙子兵法》流传既久，传抄错讹自所不免，历代释家亦见仁见智，各有短长。此次翻译，所据乃吴九龙主编《孙子校释》本（军事科学出版社1990年出版）。这个本子虽不无瑕疵，但总的说是个最好的本子。好就好在它对传世本进行了全面的清理校正，而且参以临沂银雀山一号汉墓出土汉简本。从全文来看，他们工作得认真而细心，几乎是逐字逐句进行校正的。功不可没，应予充分肯定。予择善而从，自然要用这个本子。当然，我也稍有补正，但微不足道，不过几个字而已。至于是非得失，则不可必，故稍加交代，以示责有所归。如果有改错的地方，那是不能由他们负责的。全书篇次，不用说是从《校释》本的安排，有些地方我虽有所考虑，如《作战》与《谋攻》之孰先孰后就值得斟酌，但无关宏旨，也就不作变动了。这样，《孙子兵法》十三篇的次序依然是：一、计篇，二、作战篇，三、谋攻篇，四、形篇，五、势篇，六、虚实篇，七、军争篇，八、九变篇，九、行军篇，十、地形篇，十一、九地篇，十二、火攻篇，十三、用间篇。

我的工作主要是如何把《孙子兵法》译为今文。这件事说来简单而又不简单。我总还是读过几本古书，把《孙子兵法》译成今文，大体上是不成问题的；即使不达其意，也能把文字顺下来。问题是：如何把原文的精神表达出来，并使读者能从译文了解原文，进而离开译文通读原文，甚至把原文更好地译为今文。首先，对篇题就很难解通。例如首篇名

《计》,究竟是指计谋还是计算,抑或二者兼而有之,历来就有不同的理解,令人莫衷一是。经过反复推敲,并参考《形篇》中的有关段落,方知其为计算综合国力。而要理解这一点,还必须懂得我国古代是如何计算国力的。再如《作战篇》,从题名看似乎是讲打仗,然而实际上讲的却是战争准备工作,或者说是人力物力财力的战争投入和消耗。正是由这一点着眼,篇中才提出"兵贵胜,不贵久"的论点。所以,兵贵速胜,并不是本文的主题思想。《谋攻篇》也有类似问题,其主旨是讲以谋略取胜,不战而屈人之兵,并不是讲作战的计谋。《形篇》讲攻守,攻守都要立足于实力,但此篇又着眼于攻守之形,而攻守之形和实力又是不一致的。这样,本篇是讲实力还是讲攻守之形,就颇费斟酌了。《势篇》的要害是讲奇正,然而如果只理解为以主力对敌,以小部队迂回袭击敌人,也会失其本意。因为,这样正总为正,奇总为奇,就谈不上奇正的变化了。而本文讲奇正之变则是不可穷尽的。《虚实篇》似乎很好理解,"避实击虚"就是了。然而本文所讲虚实只是一种攻战之势,所以虚实都是动态的而非静态的。或者说,这是作战过程中不断变化着的虚实,要随时捕捉敌人的空档,调整自己的主攻方向。不理解这一点,就如画龙而不点睛一样。《军争篇》所讲带有比较专门的军事特点,外行人很难把握,但意在争取主动并把对方置于被动地位,外行人还是能够理解的。《九变篇》究竟是讲什么?外行人固然难以理解,内行人恐怕也不是一眼就可以看穿的。所以,历来解此篇者多属皮毛之见。反复玩味,方知本篇所讲乃九种非正常的作战形态,即战争之变态。战争中的情况总是千变万化,遇到异常情况怎么办?这是需要研究和考虑的。《九变篇》回答了这个问题。在十三篇中,比较好理解的是《行军》、《地形》、《火攻》和《用间》诸篇,最难理解的莫过于《九地》。本篇开始似乎在讲地形,但接着就是上天下地,不知在讲什么了。读之又读,思之又思,方知其所讲乃是在各种不同作战地域的军心变化和如何利用地域和军心之变化进行调度和指挥的问题。本文力主到敌国纵深区域的绝地和死地上作战,正是由此出发的。透过本文,我们不难想象吴楚之战中吴军五战入郢之壮举。要之,解通篇题并非易事,是要花上一番功夫的。当然,也可以干脆不解,瞒天过海,但从读者的角度来问一下,这样做“于汝安乎”? 恐怕稍为严肃一点的作者也不会无动于衷的。

其次,原文的内容更需要解读。一则原文的内容不是每个人都能看懂的。如果抄上一段原文,接着就译为今文,读者就不知你为何要这样翻译,更无从通过译文去解读原文了。当然,我们也可以设想,读者是能够理解这一切的,但这样又何必要你来翻译呢? 二则原文本身并不是那么容易理解的,即使是一些大家,其理解有误或失之偏颇者,比比有之。举例说,《九地篇》中有两句话:一曰“先夺其所爱,则听矣”;二曰“先其所爱,微与之期。践墨随敌,以决战事”。历来释家多用前一句话解后一句话,这就把后一句话完全扭曲了。这里看起来只有一字之差,但如果把“先其所爱”加入一个“夺”字,则“微与之期”和“则听矣”是无法对应的。类似的例子还有,这里就不多举了。再说,即使理解了原文,也未必能准确地翻译出来,特别是把原文的精神表达出来。我曾经说过,翻译本身是一种创作,不论是将外文译为中文,还是将古文译成现代文。对这项工作,是不能等闲视之的。信手拈来或大致过得去,即鲁迅所说的“差不多先生”,是不足为训的。毛泽东说过:“世界上怕就怕认真二字。”翻译工作同样要认真,而且更要认真。自己写的东西有错误,可以文责自负,翻译有误或不确切找谁呢? 这里不仅有一个对读者负责的问题,还有一个对古人负责的问题,是一点也马虎不得的。

据此,本译本特作如下安排:一、逐篇进行题解;二、每篇都逐段进行详解,再作翻译;三、对原文进行全面校正,按篇次排列出来。

现在,《孙子兵法》的译本颇多,我相信作者都是尽了努力的。尽了努力,当然可以问心无愧。但就我来说,尽了努力,未必就能无愧于古人和读者。因此,我在这项工作中,自然要参考众译本,比较其得失,择善而从,但更主要的则是深入理解原文,力争能贡献出一个更完善的译本,最好是一个范本。就这一点来说,我也是可以问心无愧的。不过,我是否有愧于古人和读者,就要由这方面的专家和广大读者来说话了。在这里,我诚恳地期待着专家们的批评与指正，诚恳地期待着广大读者的批评与指正。《诗》不云乎？“投之以木桃，报之以琼瑶。”我将在专家和读者的批评监督下，尽全力拿出更好的精神产品来。

谨此交代，以昭吾心。末了我要感谢齐鲁书社的朋友们，让我也有机会把更多的朋友吸引到《孙子兵法》这块阵地上来！

田昌五

1993.12.26

目录

计篇

[解题]

本篇主旨历来有二说。一说是计谋、策划、谋略。另一说是计算、筹算,即对敌我双方的综合国力和基本军力与作战能力进行估算与比较,做到知己知彼,稳操胜券。这是在宗庙之上就可以计算出来的,所以叫做“庙算”。经过庙算,就可预知战争的胜负了。前说偏离主题,当以后说为是。

[原文]

孙子曰:兵者,国之大事〔也〕,死生之地,存亡之道,不可不察也。

[评析]

中国古代“国之大事,在祀与戎”,即祭祀与战争。本篇由此入手,提出并说明战争的重大意义,甚为得题而有力。读本段,应从这种高度把握其精神。

[今译]

孙子说:战争是国家的大事,军民死生之所系,国家存亡之关键,对它是不可不严肃对待并认真研究的。

[原文]

故经之以五(事),校之以计而索其情:一曰道,二曰天,三曰地,四曰将,五曰法。

道者,令上与民同意也。故可与之死,可与之生而不诡也。

天者,阴阳、寒暑、时制也。

地者,高下、远近、险易、广狭、死生也。

将者,智、信、仁、勇、严也。

法者，曲制、官道、主用也。

凡此五者，将莫不闻，知之者胜，不知者不胜。

［评析］

中国古代讲究天人关系，析而言之则为天时、地理、人事。用兵亦然。本段由此出发，从五个方面分言战争之道，以是否全面掌握此道作为决定胜负的基本因素。读此段，应理解这种精神。

［今译］

因此，要把握五条经络，对敌我状况进行估量和比较，来探索战争胜负的情势。这五条经络：一是治民之道，二是天时，三是地利，四是将帅，五是法制。

治民之道，在于使民众和君主同心一志，可以和他们共同生，共同死，生死与共而无离异之心。

天时，指适应昼夜阴晴，严冬酷暑，四时节令气候。

地利，指利用地形高低，路途远近，险要平坦，广阔窄狭，生地死地。

将帅，一看才智谋略，二看军令划一，赏罚明信，三看仁爱部属，四看勇猛决断，五看威严整肃。

法制，指军队的编制部署调度，设官分职用人，军需筹措供应。

凡属这五个方面的情况，将帅都不能不知晓。熟悉掌握这些情况的就能打胜仗，不了解这些情况的则不能取胜。

［原文］

故校之以计，而索其情。曰：主孰有道？将孰有能？天地孰得？法令孰行？兵众孰强？士卒孰练？赏罚孰明？吾以此知胜负矣。

[评析] 本段紧承上段而来。上段重在从五个方面“校之以计”，本段则从七个方面“索其情”，即探索敌我双方的情势。

[今译] 所以，据上述五个方面的估量和比较，就可从七个方面判断敌我胜负的情势。即：哪一方的君主善于治国安民？哪一方的将帅更有才能？哪一方能得天时地利？哪一方的法令能贯彻实行？哪一方的军队阵容强大？哪一方的士卒更为精练？哪一方赏罚严明公正？我们依据这一切，就能判断谁胜谁负了。

[原文] 将听吾计，用之必胜，留之；将不听吾计，用之必败，去之。

[评析] 本段为多余之笔，同前后文均不衔接。且历来多有歧解，一说“将”作如果解，一说“将”指将领。现两译之：

[今译] 如果听从我的计谋，用来打仗一定胜利，我就留下来；如果不听从我的计谋，用兵打仗一定失败，我就离去。

将佐听从我的计谋，用他打仗一定胜利，就重用之；将佐不听从我的计谋，用他打仗一定失败，就撤免之。

[原文] 计利以听，乃为之势，以佐其外。势者，因利而制权也。

[评析] 本段总上启下，通贯下文。从敌我双方力量对比转入作战指挥中的随机应变，造成有利于我的态势。

［今译］

依据力量对比制定的有利于我的作战方略被采纳后，就要造就态势，借以将我军之潜能转化为战场上的优势。所谓态势，就是在战争中权衡利弊而作出的各种变化和举措。

［原文］

兵者，诡道也。故能而示之不能，用而示之不用，近而示之远，远而示之近。

利而诱之，乱而取之，实而备之，强而避之，怒而挠之，卑而骄之，佚而劳之，亲而离之。

攻其无备，出其不意。此兵家之胜，不可先传也。

［评析］

本段承上文，总言临敌制权的基本要领和各种方法，虚虚实实，真真假假，明明暗暗，变幻莫测，充满了辩证法的精神。

［今译］

用兵的要领在于诡诈。所以，能打装作不能打，要打装作不要打，要向近处装作要向远处，要向远处装作要向近处。

敌人贪利，就用财利去引诱它；敌人混乱，就乘机攻取它；敌人实力大，就注意防备它；敌人兵锋锐，就暂时避开它；敌人来势汹汹，就设法屈弱之；敌人卑辞慎行，就设法使之骄傲；敌人安逸，就设法让它疲劳；敌人内部和睦，就离间之。

要出乎敌人意料地发动攻击，攻击敌人所不防备的地方。这些，是军事家取胜的奥妙，是不能预先传达布置的。

［原文］

夫未战而庙算胜者，得算多也；未战而庙算不胜者，得算少也。多算胜，少算不胜，而况于无算乎！吾以此观之，胜负见矣。

[评析] 本段总结全文。全文主要内容有二:一是估算实力,二是临敌时的权变。本段重在总结前者。古代出征前要告于祖庙,进行谋划,预测胜负,所以叫做庙算。计算用筹码,也称运筹或筹算。得算多少指所得算筹,引申而为力量和条件的对比。

[今译] 凡是未开战前在宗庙中就预计到能取胜的,是因为在计算敌我力量和条件时,我方得到的算筹多,处于优势;未开战前在宗庙中就预计不能取胜的,是因为我方得到的算筹少,处于劣势。多加筹算就能取胜,筹算不周就不能取胜,何况不作筹算就贸然开战呢!我们根据这些来观察,胜负就了如指掌了。

[附记] 本篇在计算国力时,未将土地、人口、资源、物产、军赋等列入,不够周全。后面《形篇》谈到这些问题,可以参看。如将《形篇》中有关段落移入本篇,更能展示本篇的含义。

作战篇

［解题］

本篇题名作战，然并非指实地战争，而是讲的筹措战争，作好战争准备，提供战争保障。作，始也，有创办和筹备等义。战争要消耗大量的人力、物力和财力，故从我方来说要速战速决，争取用最小的代价取得最大的战果；同时要取之于敌方，为我所用。这样就能够“胜敌而益强”。读本篇，必须掌握此旨。偏离此旨，全篇将不可解矣。

［原文］

孙子曰：凡用兵之法，驰车千驷，革车千乘，带甲十万，千里馈粮，则内外之费，宾客之用，胶漆之材，车甲之奉，日费千金，然后十万之师举矣。

［评析］

本段总括全文。用兵之法，说的是用兵时对所需军费的概算方法，而非战争法则。故文中皆用成数，以千、万计，好像一个计算公式。革车，或云战车，或云辎重车，当以后说为是。后文所说“丘牛大车”，即此革车也。

［今译］

孙子说：用兵之费的成法是：如果动用战车千辆，辎重车千辆，甲卒十万，加以千里迢迢去运送军粮，那么前方后方的费用，款待使节食客的花销，作战器材的用度，车辆兵甲的维修开支，每天要耗资巨万（十万钱），然后十万大军才能够出动。

［原文］

其用战也，胜久则钝兵挫锐，攻城则力屈，久暴师则国用不足。夫钝兵挫锐，屈力殚货，则诸侯乘其弊而起，虽有智者，不能善其后矣。

［评析］ 本段承上文而来，言出兵在外不能旷日持久，久将不堪负担，招来外患。文中“胜久”二字，不作胜利解，应以不胜枚举、不胜其烦、胜兵十万等作解，意为太久了，过于长久了。如作胜利解，则全文扞格不通。

［今译］ 这样出兵作战，日子久了，军队就会疲惫，锐气受挫，无力攻占城池，而军队长期在外也会导致国家财政发生困难。如果军队疲惫，锐气受挫，军力耗尽，财力枯竭，那么各国诸侯就会乘我之衰弊前来侵犯，这时即使有足智多谋的人，也不能挽回这种危局了。

［原文］ 故兵闻拙速，未睹巧之久也。夫兵久而国利者，未之有也。故不尽知用兵之害者，则不能尽知用兵之利也。

［评析］ 本段总结上文。拙对巧而言，均作反意用，非真拙真巧也。拙于用兵，何由取胜？巧于用兵，岂能延误时日？拙，不巧也，解为不追求工巧，亦可。

［今译］ 所以，在用兵上只听说过不求工巧而求速胜的，没见过只讲工巧而追求旷日持久的。战事久拖不决而对国家有利的情况，从来不曾有过。所以不完全晓得用兵有害的人，也不可能完全晓得用兵之利。

[原文] 善用兵者,役不再籍,粮不三载,取用于国,因粮于敌,故军食可足也。

[评析] 本段另起,通贯下文。本应并译,因文长,故分别译出。

[今译] 善于用兵作战的人,不再次征集兵员,不多次运送粮草;武器装备从国内取得,粮草到敌方去夺取,这样,军队的粮草供应就可以充足了。

[原文] 国之贫于师者:远师者远输,远输则百姓贫。近师者贵卖,贵卖则财竭,财竭则急于丘役。屈力中原,内虚于家,百姓之费,十去其七。公家之费,破车罢马,甲胄矢弩,戟楯矛橹,丘牛大车,十去其六。

[评析] 本段承上文,从战争消耗角度专言用兵之害,即导致国家贫困。百姓,古指贵族,唯本文似包括平民。盖因中国古代存在着宗族系统,贵族与平民均在其中也。丘役,指按丘为单位征收赋役。据《周礼·小司徒》:九夫为井,四井为邑,四邑为丘,四丘为甸。是丘144家也。丘牛大车,义同此。

[今译] 国家之所以因为用兵而贫困,是由于出师远征就要远道运输,远道运输使得百姓贫困。军队驻地附近物价就昂贵,物价昂贵就会使国家财力枯竭,国家因此就急于加征赋役。在战场上军力耗尽,国内百姓便家室空虚。百姓的资财将会耗掉十分之七;政府的财力,由于车辆的损坏,战马的疲毙,铠甲、箭弩、戟盾、矛橹的消耗补充以及征用丘牛大车,也会损失

掉十分之六。

[原文] 故智将务食于敌，食敌一钟，当吾二十钟；萁秆一石，当吾二十石。

[评析] 本段承上文，专言因粮于敌之利。钟，量度单位，有时与石相当，惟石又作衡度单位。萁通萁，豆秸也。古代运输之法，费二十石而得一石。

[今译] 所以聪明的将领，务求从敌方取得粮草供应，消耗敌方一钟粮食，相当于从本国运输二十钟；用掉敌方的一石草料，等于从本国运输二十石。

[原文] 故杀敌者，怒也；取敌之利者，货也。故车战，得车十乘已上，赏其先得者，而更其旌旗，车杂而乘之，卒善而养之，是谓胜敌而益强。

[评析] 本段承上文另起，专言如何从敌军获取武器装备和人员，补充壮大自己的队伍。这样，敌方的物力、人力和财力，就均可为我所用了。那时能提出这种思想，堪称绝璧。

[今译] 要使将士英勇杀敌，就应激励士气；要使部队夺取敌方的军资，就得实行奖赏。所以在车战中，凡是缴获战车十辆以上的，就要奖赏最先夺得战车的人，并更换战车上的旗帜，将其混合编入自己的战车队列。对于战俘，要优待和使用他们，这就是所谓越是战胜敌人，就越是能壮大自己。

[原文] 故兵贵胜，不贵久。

[评析] 本段寥寥数字，统括全文精神。

[今译] 因此，用兵作战，贵在速战速胜，而不在于持久不决。

[原文] 故知兵之将，民之司命，国家安危之主也。

[评析] 本段进一步拔高全文精神，从民众的命运，国家的安危，说明将帅的责任，突出将帅的地位。

[今译] 所以，懂得用兵之利害的将帅，是民众命运的掌管人，国家安危的主宰。

谋攻篇

[解题] 本篇讲谋划进攻敌人的策略和原则,重在“谋”而不在“攻”,强调的是以谋略取胜。所以,谋字也可作动词用,即以谋略攻取敌人,不战而使其降服。当然,这并不排除实地攻战,但攻战也要知己知彼,预为谋划,谋而后攻,攻战有法。读本篇,必须掌握这种精神,不能拘泥于攻战,只是为攻战而进行谋划。

[原文] 孙子曰:凡用兵之法,全国为上,破国次之;全军为上,破军次之;全旅为上,破旅次之;全卒为上,破卒次之;全伍为上,破伍次之。是故百战百胜,非善之善者也;不战而屈人之兵,善之善者也。

[评析] 本段开宗明义,提出用兵的指导思想和基本原则。国,古指都城。军、旅、卒、伍,均为军事编制单位。万二千五百人为军(或万人),五百人为旅,百人为卒,五人为伍。

[今译] 孙子说:用兵的一般指导原则是:以迫使敌人举国屈服为上策,攻破敌国在其次;以使敌人整军降服为上策,击垮敌军在其次;以使敌军全旅投降为上策,击溃敌旅在其次;以使敌军全卒投降为上策,打垮敌卒在其次;以使敌军全伍投降为上策,消灭敌伍在其次。因此,百战百胜,还说不上是完善中最完善的;不战而迫使敌人屈服,才真正算是完满而又完满的。

［原文］

故上兵伐谋，其次伐交，其次伐兵，其下攻城。

攻城之法，为不得已。修橹镀辒，具器械，三月而后成；距闉，又三月而后已。

将不胜其忿而蚁附之，杀士三分之一，而城不拔者，此攻城之灾也。

［评析］

本段承上文，析言谋攻，而以攻城为下策。橹，大盾。镀辒，攻城用的四轮大车。器械，登城用的什物。闉通堙，人工土山也。

［今译］

所以，用兵的上策是打破敌人的战争谋略与部署，其次是挫败敌人的外交活动，再次是打败敌人的军队，最下策就是攻打敌人的城池了。

攻城是迫不得已的办法。制造攻城用的大盾和四轮车，准备攻城用的器械，三个月才能完成；构筑攻城的土山，又要三个月才能竣工。

将帅按捺不住自己愤怒的情绪，挥令士卒像蚂蚁一样爬梯登城，以致士卒伤亡了三分之一而城池仍然攻不下来，这就是攻城带来的灾难。

［原文］

故善用兵者，屈人之兵而非战也，拔人之城而非攻也，毁人之国而非久也，必以全争于天下，故兵不顿而利可全，此谋攻之法也。

［评析］

本段总结上文，与首段相呼应。因此，文中“全”字均与首段中全字同义。

［今译］ 所以，善于用兵的人，制服敌军不靠拼打，攻克敌城不靠强攻，摧毁敌国不靠久战。必须用全胜的谋略争得天下。所以军队不致疲惫受挫，就能大获全胜。这就是以谋略攻敌的基本原则。

［原文］ 故用兵之法，十则围之，五则攻之，倍则战之，敌则能分之，少则能守之，不若则能避之。

故小敌之坚，大敌之擒也。

［评析］ 本段承上文另起，主要讲在战场上要根据敌我之强弱而变换攻守之策。这是一个战略方针的实施问题。如果在战场上，不能适应形势而变换对策，再高明的战略方针，也是会落空的。所以，本身力量弱小，在强敌面前是不可能坚守的，更不要说进攻了。

［今译］ 所以，用兵作战的法则是：有十倍于敌的兵力就围困敌人，有五倍于敌的兵力就进攻敌人，有加倍于敌的兵力就全力战胜敌人，敌我力量相当就设法分散敌人兵力，兵力少于敌人就坚壁固守，实力不如敌人就避而不战。

所以，弱小之军不管如何坚强顽抗，总会成为强大敌人的俘虏的。

［原文］ 夫将者，国之辅也。辅周则国必强，辅隙则国必弱。

［评析］ 此段另起，讲将帅和国家的关系，实际上是说将帅和君主的关系。辅，车之辅木，借为辅佐。古人把国家比喻为君主的

车子,所以,国家之强弱,要看将帅对君主的辅佐如何。

[今译] 将帅是君主治国安邦的辅佐。辅佐周密,国家就一定强盛;辅佐疏漏不周,国家必然衰弱。

[原文] 故君之所以患于军者三:不知军之不可以进而谓之进,不知军之不可以退而谓之退,是谓縻军;不知三军之事,而同三军之政,则军士惑矣;不知三军之权,而同三军之任,则军士疑矣。三军既惑且疑,则诸侯之难至矣。是谓乱军引胜。

[评析] 本段发挥上文。古代君主要统兵作战,而以将帅为辅佐。这里讲的实际上是君主与将士之间互不协调的问题,因君主居高临下,故从君主说起,谈君主之责。

[今译] 国君能够危害军事行动的有三种情况:不了解军队不可以前进而强令之前进,不了解军队不可以后退而强令之后退,这叫做系绊军队。不了解三军事务而统三军之政令,将士就会发生迷惑;不了解三军之权谋而领三军之重任,将士就会产生疑虑。三军迷惑而又疑虑,各国诸侯就要乘机发难来进犯了。这叫做迷乱之军,自取败亡。

[原文] 故知胜有五:知可以战与不可以战者胜,识众寡之用者胜,上下同欲者胜,以虞待不虞者胜,将能而君不御者胜。此五者,知胜之道也。

[评析] 此段接上文另起,总言预知胜负的方法。文中着重从正

面谈何以得胜,反过来说就要失败了。所以,知胜有五,知败亦有五,胜负都是可预知的。

[今译] 能够预知胜利的情况有五种:知道可以打或不可以打的,能够取胜;知道兵力多少如何调用的,能够取胜;官兵上下同心协力的,能够取胜;以有备对付无备的,能够取胜;将帅有指挥才能而君主不加牵制的,能够取胜。这五项,就是预知胜负的方法。

[原文] 故曰:知彼知己,百战不殆;不知彼而知己,一胜一负;不知彼不知己,每战必殆。

[评析] 本段总结全文,提出"知彼知己,百战不殆"这一千古兵家名言。所谓知彼知己,主要指敌我双方的虚实长短情伪,尤重知彼。这是谋攻的基点,战争胜负的张本。当将帅之任者,应以此为座右铭。

[今译] 所以说,既洞悉敌方,又实知我方,百战都不会陷入危局;不了解敌方,能认识自己,则胜负参半;既不了解敌方,又不了解我方,那就每战都有失败的危险。

形篇

［解题］

本篇旨在根据实力对比而为攻守形势。实与形相为表里。无实当然不能成其形,但同样的实却可以有不同之形。本篇立足于实,而强调的则是形。所谓“形”,主要指军事部署、指挥调度、战术变化等等,而目的则是最有效地发挥军事实力,做到能守能攻,立于不败之地。篇名曰“形”,良有以也。

［原文］

孙子曰:昔之善战者,先为不可胜,以待敌之可胜。不可胜在己,可胜在敌。故善战者,能为不可胜,不能使敌必可胜。故曰:胜可知,而不可为。

不可胜者,守也;可胜者,攻也。守则有余,攻则不足。善守者,藏于九地之下;善攻者,动于九天之上,故能自保而全胜也。

［评析］

本段引古论今,据实力而谈攻守,攻不可必胜,而守则必不败,立足于守而后伺机进攻。这样就可以保全自己,消灭敌人;消灭不了敌人,也能保全自己。末句画龙点睛,托出攻守应有之形。文中“守则有余,攻则不足”,亦可作“守则不足,攻则有余”,只要把攻守双方的实力换个位置就行了。

［今译］

孙子说:从前擅长用兵的人,先要做到不会被敌人战胜,然后再伺机去战胜敌人。不被敌人战胜取决于己,能不能战胜敌人还要看对方是否有隙可乘。所以高明的用兵者,只能做到自己不可战胜,而做不到敌人一定会被战胜。所以说,胜利可以预见,但不可强求于敌。

要不被敌人战胜,就要加强防御;要战胜敌人,就得发动攻势。敌人兵力多,就采取守势;敌人兵力少,就采取攻势。善于防守的人,隐蔽自己的兵力如在九地之下;善于进攻的人,施展自己的兵力如从九天而降。这样,既能保全自己,又可取得完全的胜利。

[原文] 见胜不过众人之所知,非善之善者也;战胜而天下曰善,非善之善者也。故举秋毫不为多力,见日月不为明目,闻雷霆不为聪耳。

[评析] 本段连接上下文,为前后转折语,单独不成义。文中所说"胜",均指从敌方取得胜利。

[今译] 预见胜利超不出一般人的见识,算不得是高明中之最高明的。激战胜敌后,普天下人都说好,算不得是完满中之最完满的。这就好比能举起一根秋毫称不上力大,能看到日月算不得眼明,能听到雷霆声谈不到耳聪一样。

[原文] 古之所谓善战者,胜于易胜者也。故善战者之胜也,无奇胜,无智名,无勇功。故其战胜不忒;不忒者,其所措必胜,胜已败者也。故善战者,立于不败之地,而不失敌之败也。是故,胜兵先胜而后求战,败兵先战而后求胜。

[评析] 本段承上文另起,说明战争的胜负取决于战前准备和应战措施。谁准备充分,措施得当,谁就可能取胜;反之就要失

败。所以，一方的胜利往往是由另一方造成的。要取得胜利，自己就必须立于不败之地，而不放过敌人招致失败的时机。即：上下不和，孤立无援，军制无章，战备松弛，临战失措等的时间和战机。因此，常备不懈，抓准战机，才能获取全胜。全胜者，自己不被敌人战胜而又能战胜敌人也。

［今译］

古时候所说的善于作战的人，都是由于敌人容易被战胜而取得胜利的。因此，他们的胜利并不出奇，不以智谋著称，也没有赫赫战功。他们之所以能取胜，是因为没出差错。所谓没有差错，只不过是他们有必胜的措施，去战胜处于失败地位的敌人而已。所以善于指导战争的人，总要使自己处于不败的地位，而不放过处于失败地位的敌人。因此，常打胜仗的军队是先握胜券而后同敌人交战的，失败了的军队是先贸然与敌人交战而后企图侥幸得胜的。

［原文］

善用兵者，修道而保法，故能为胜败正。法：一曰度，二曰量，三曰数，四曰称，五曰胜。地生度，度生量，量生数，数生称，称生胜。故胜兵若以镒称铢，败兵若以铢称镒。称胜者之战民也，若决积水于千仞之谿者，形也。

［评析］

本段开头数句，既总结上文，又总括下文。归入上段，义嫌不足。归入本段，于义为长。胜败正，义为胜败的主人，能掌握胜负的决定权。胜败的关键在于实力的大小强弱，故接着讲如何计算实力和实力对比。这是古代通用的方法，唯早已作古，为后人所难识耳。我们只有晓得这种方法，才会懂得古人所说的实力是实实在在的东西。如“一曰度”，就是计算出有多少土地,可以容纳多少劳力;"二曰量",指物产和财力;"三曰数"指兵源和军赋;称就是实力对比了。经过计算和对比,实力强大的一方必然战胜实力弱小的一方。发挥强大实力的优势,如排山倒海一般压向敌人,这就是"形"。

[今译] 善于指导战争的人,必然要修明政治,确保法制,所以能够掌握胜败的决定权。法制可分五点:一是度田,计算国土面积;二是物产和财力之量的大小;三是军赋和兵力之数的多少;四是称量敌我双方实力之轻重;五是胜利归于哪一方。从国土幅员大小可以度量出土地面积的井数来(古度田用井地之法),从土地面积的井数可以计量出人口与物产来,从人口与物产可以计算出军赋与兵力之多少来,从军赋与兵力之多寡可以称量出实力的强弱优劣来,而胜负是不同的军事实力较量的结果。所以,胜利的军队较之于失败的军队就像以镒称铢那样处于绝对优势,失败的军队较之于胜利的军队就像用铢称镒那样处于绝对劣势。军事实力强大的胜利者,其部队出动作战,就像决开万丈高山上的溪涧积水一样倾泻而来,这就是军事实力所展现的"形"。

[附记] 本篇或以为讲军事实力对比,或以为讲作战态势,皆不甚妥。实际上,本篇的要害在于如何使用兵力,进行攻守处置,是讲实力的表现形态。实力再强,如不发挥出来,也谈不上胜利。实力弱小,如能善于处置,也不一定失败。例如,文中所说"藏于九地之下",敌人根本发现不了,怎么会被敌人打败呢?深藏不露,也是一种"形",只不过是无形之形罢了。实力是不容易改变的,而实力之形则是随情况而变化的,这就是作战指挥中的艺术。

势篇

[解题]

本篇名“势”。势，有状态、权位、势力、气焰等义。用于军事，则有阵势、形势、攻势、态势等等。这里所说的势，主要指在战场上通过奇正变化造成的进攻敌人的凶猛快捷的态势。重点在：以奇用兵，突击敌人，即所谓“出奇制胜”也。所以，我们不能对奇正作固定的解释，说死了，也就不成其为奇正了。读本篇，我们应把握这种精神。

[原文]

孙子曰：凡治众如治寡，分数是也；斗众如斗寡，形名是也。三军之众，可使毕受敌而无败者，奇正是也；兵之所加，如以碫投卵者，虚实是也。

[评析]

本段一言治军，二言指挥，三言奇正，四言虚实。分数，指部队的组织编制。形名，以旌旗金鼓为号令，指挥作战。毕受敌，义为四面受敌；四面受敌而不败，靠的是奇正变化。虚实，这里说的是兵力部署和配备以及防守状况。四面受敌时，就集中力量攻击敌人兵力薄弱和防守松懈的地方。如是，这四层文义就贯通了。其义是：只有组织良好、号令严明的部队，在四面受敌时能沉着镇静，集中兵力攻击敌人无备或备而不严的地方，出奇制胜，转危为安。

[今译]

孙子说：统帅好大部队如同带领小部队一样，是因为有良好的组织编制；指挥大部队作战如同指挥小部队一样，是因为有严明的号令。能够使三军之众在四面受敌时不致于失败，是由于奇正变化得法，以实击虚，其兵锋所加，如以石击卵一样，所向披靡，瓦解敌人。

［原文］

凡战者，以正合，以奇胜。故善出奇者，无穷如天地，不竭如江河。终而复始，日月是也；死而复生，四时是也。声不过五，五声之变不可胜听也；色不过五，五色之变不可胜观也；味不过五，五味之变不可胜尝也。战势不过奇正，奇正之变不可胜穷也。奇正相生，如环之无端，孰能穷之？

［评析］

本段接上文，专论奇正之变，故以奇正始，以奇正终。开头“以正合”，义为正面对阵或交战，不能只解释成以主力当敌。否则，全文义不可通。因为，这样总是以主力迎战，以偏师扰乱或迂回打击敌人，就无所谓奇正之变化了。用这种刻板一律的战势对敌，可谓以不变应万变，让敌人吃准了，岂有致胜之理？事实上，完全有这样的情况，用小部队与敌作正面周旋，而以主力迂回包抄敌人；或以轻兵从正面诱敌，而以重兵设伏。如此等等，奇正相生，变化无穷，在战场上总是处于主动地位，出奇制胜。

［今译］

一般说来，战争总是双方正面对阵，以奇取胜。所以善于出奇制胜的将帅，其奇正的变化就像天地那样无穷无尽，像江河那样永不枯竭。终而复始，如同日月之运行；逝而又来，如同四时之更迭。声乐不过宫、商、角、徵、羽五个音阶，五音的变化则听不胜听；颜色不过红、黄、青、白、黑五种色素，五色的变化则看不胜看；滋味不过咸、甜、酸、辣、苦五种味道，五味的变化则尝不胜尝。作战的态势不过奇正，奇正的变化是不可穷尽的。奇正相互转化，交互而生，就像无始无终的链环一样，有谁能穷尽它呢？

［原文］

激水之疾，至于漂石者，势也；鸷鸟之击，至于毁折者，节也。是故善战者，其势险，其节短。势如彍弩，节如发机。

［评析］

本段承上文，谈由奇正相生而形成的攻击态势。毁折，即折毁，义为捕杀。节，原指竹子段落间的束腰处，转义为节制、节约、节操、节拍、节奏、节度、关节等等，此处义为急促快捷。发机，机弩上之机牙，犹现代火枪上之扳机也。

［今译］

湍急的流水奔泻而下，以致能漂动石块，这是由于速快的水势。雄鹰飞快的搏击，以致能捕杀鸟雀，这是由于峻急凶猛的节势。所以善于指挥作战的人，他所造成的进攻态势是险峻的，出击的节奏是急促的。险峻的态势就像张满的弓弩，急促的节奏就像扳动弩机。（一触即发，势不可挡。）

［原文］

纷纷纭纭，斗乱而不可乱也；浑浑沌沌，形圆而不可败也。乱生于治，怯生于勇，弱生于强。治乱，数也；勇怯，势也；强弱，形也。

［评析］

本段承前文，专言在战场上进行战斗的问题。纷纭，指战场上人员车马穿梭来往之状。斗乱，敌我双方交互厮杀在一起。浑沌，指黑夜雾天等，无法进行号令。形圆，阵形周全，相互衔接，互相呼应。以下谈治乱、勇怯、强弱之相生，皆就敌我在战场上实地较量言之。义为一方治则另一方乱，一方勇则另一方怯，一方强则另一方弱。后者是与前者相较而产生的。以往释此文，说是示敌以乱、以怯、以弱，均不确。那样，所谓乱、怯、弱就全是假装出来的了。这纯属人为，怎么会是从真的产生出来的呢？且如此解释，于下文亦不可通。譬如说，假乱真治，是部队的组织编制问题，行吗？我们要吃透原文，不能拘泥于古人的解释。

［今译］ 在人马纷纭的战场上，敌我交互厮杀，阵线混乱，本军的部伍组织切不可乱；在浑沌迷蒙的环境中作战，要阵形周全，连环衔接，互相呼应，才不致失败。战场上，一方队伍的溃乱产生于对方部伍的严整，一方的怯懦产生于对方的勇猛，一方的弱小产生于对方的强大。军队的治与乱，是组织编制问题；勇与怯，是作战态势问题（如主动进攻与被动防守）；强与弱，是实力大小和兵力配备部署问题。

［原文］ 故善动敌者，形之，敌必从之；予之，敌必取之。以此动之，以卒待之。

［评析］ 本段专言如何调动敌人，以重兵击之。这也是一种作战态势，只不过是人为地制造出来的作战态势罢了。形之，指以各种假象蒙蔽敌人。予之，指以各种方式引诱敌人。形之而敌必从，予之而敌必取，其难度是很大的。只有做到这一点，才称得是善动人者，而我之作战态势才有意义。

［今译］ 善于调动敌人的将帅，制造假象蒙骗敌人，敌人必然上当；故意引诱敌人，敌人必然上钩入网。这样来调动敌人，而后伺机用布置好的重兵掩击之。（其胜必矣）

［原文］

故善战者，求之于势，不责于人，故能择人而任势。任势者，其战人也，如转木石；木石之性：安则静，危则动，方则止，圆则行。故善战人之势，如转圆石于千仞之山者，势也。

［评析］

本段总结全文，把运用奇正变化的目标集中为创造有利的作战态势，而不是变换花样和魔术，摆花架子，玩花把式，可谓切中要害。这样，怎么有利于创造最佳的作战态势，就怎么运用奇正变化，不拘一格，不守成式，根据战场上的形势相机行事。战场上的形势变化无常，奇正的变化也要相应地变化无常，随时随地都可做到出生入死，无往而不胜。创造有利的作战态势，就是以奇取胜，也可以说是以智取胜，而不是靠死打硬拼来取胜。所以，高明的指挥员“能择人而任势”。择通摘，除掉不用也。非不用也，因不得其所用也。有钢要用在刀刃上，用在刀背上是白白浪费。当然，择人也可释为选择精卒，就像把最好的钢用在刀刃上一样。任势，即依据有利的作战态势发动攻势。这样就可使怯者勇，懦者斗，赴汤蹈火，前仆后继，一往无前，冲锋陷阵，夺取胜利。

［今译］

所以善于指导战争的将帅，总是设法创造有利的战势，而不苛求于部属，因此他能不考虑人数多少去利用并创造有利的战势。善于利用战势的将帅，其指挥对敌作战，就像滚动木头石头一般。木、石的特性是：放在平坦的地方就静止，放在陡峻的地方就滚动；方形的容易停顿，圆形的滚动不息。所以善于指挥对敌作战者的战势，其威力就像转动圆石从万丈高山上滚下来一样。这就是战争中所说的势。

［附记］

本篇是全书的精华。战场上的胜败，在于削弱以至消灭敌人,保存并壮大自己。要保存并壮大自己,就必须削弱以至消灭敌人;不削弱以至消灭敌人,就不能保存并壮大自己。二者互为依存,相互制约,相互转化,相反相成。所谓奇正,就是从这里提出来的,也是为此而提出来的。因此,战争总要立足于正,取胜于奇。这里所说的正,即严密的组织编制、良好的训练和军事素质、严明的号令、良好的装备、有力的保障等等。所谓奇,则是根据各种作战条件和敌我情况对这种“正”的运用和发挥,争取以最小的牺牲和代价取得最大的战果。这样,平时之正到战时就变成了奇。至于在战场上,则更是正反为奇,奇反为正;正中有奇,奇中有正;皆奇皆正,无奇无正。要在掌握主动,随机应变,夺取全胜。我们一定要领会其中精神,加强战备,制止战争,争取和平。

虚实篇

［解题］

本篇名“虚实”，要在避实击虚，以实击虚。不过，本篇所说的虚实是广义的。如诱敌深入、以逸待劳、引敌远去、分散敌人，均属于虚实。所以本文的关键不仅在于利用虚实，更重要的则是制造虚实，使敌人由实转为虚，而我则由虚转为实或真实而假虚。这样，就可致人而不致于人。致人者，致人于虚弱而击之也；不致于人者，不被敌人拖向虚弱而受击也。因此，调动敌人，破敌之实；匿我之实，以实击虚，才是本文的精义。避实击虚，也应解为击其虚而动其实，其实可不攻而自破。如只从消极处理解避实击虚，根本不动敌之实，破敌就没有指望了。其实，虚实都不是绝对的，实中有虚，虚中有实。避实击虚，不过是避开实中之虚而击虚中之实罢了。虚实是相对的，可变的，能动的。读此文，应把握这种精神。

［原文］

孙子曰：凡先处战地而待敌者佚，后处战地而趋战者劳。故善战者，致人而不致于人。

［评析］

本段开门见山，从广义上提出虚实问题。佚，安逸，本处义为从容不迫，轻松有力，胜任愉快。这是由于先据战地，人马得以休整，因而蓄积了实力的表现。后进入战地者则反是。致人，调动敌人，使之饥饿困乏，因而攻之。反之亦然。

［今译］

孙子说：凡是先进据战地而蓄力等待敌人的就安闲从容，后进入战地而仓忙应战的就疲窘无力。所以善于指挥作战的人，总要设法调动敌人而不为敌人所调动。

［原文］

能使敌人自至者，利之也；能使敌人不得至者，害之也。故敌佚能劳之、饱能饥之、安能动之者，出其所必趋也。

行千里而不劳者，行于无人之地也；攻而必取者，攻其所不守也；守而必固者，守其所必攻也。

［评析］

本段承上文而发。先言“致人”之法，后言“不致于人”。文意甚明，无须解释。唯后半段亦可连下文读。

能使敌人自行到达我预定地域的，是以利诱之的结果；能使敌人不得到达其预定地域的，是设置障碍阻挠其行动的结果。所以敌人休整得好能使之疲劳，敌人粮食充裕能使之饥饿，敌人驻扎安稳能使之转移，之所以如此，是由于出击了敌人必然来战的地方。

［今译］

行军千里而不至于劳顿，因为走的是没有敌人阻挠的路线；进攻而必然会得手，因为攻的是敌人没有设防的地区；防守能牢不可破，因为守的是敌人必来进犯的地方。

［原文］

故善攻者，敌不知其所守；善守者，敌不知其所攻。微乎微乎，至于无形；神乎神乎，至于无声，故能为敌之司命。

进而不可御者，冲其虚也；退而不可追者，速而不可及也。

故我欲战，敌虽高垒深沟，不得不与我战者，攻其所必救也；我不欲战，画地而守之，敌不得与我战者，乖其所之也。

［评析］

本段可上接下联，既总结前文，又开启后文。首言隐迹匿形，做到无形无声，防守时不露形迹，进攻时不露风声。次言进退攻守的虚实之理，我攻敌必得手，敌攻我必落空。画地而守，义为不设壁垒，没有防线。

［今译］

所以善于进攻的，敌人就不知该怎么防守；善于防守的，敌人则不知该怎么进攻。微妙啊，微妙到没有形迹；神奇啊，神奇到没有声息，因此能成为敌人命运的主宰。

前进时势不可挡，是因为突击敌军防线的空档（结合部）；后撤时势不可追，是因为速度快到让敌人赶不上。

所以我军要打，敌人即使深沟高垒，也不得不出来同我作战，这是因为我打在敌人势在必救的地方；我军不想打，即便画地而守，敌人也无法来同我作战，这是因为我转移了敌人进攻的方向。

［原文］

故形人而我无形，则我专而敌分；我专为一，敌分为十，是以十攻其一也。则我寡而敌众，能以众击寡者，则吾之所与战者约矣。

［评析］

本段承上文另起，专言集中与分散兵力问题。前句意义甚明，无须诠释。后句传世本作“则我众而敌寡，能以众击寡者，则吾之所与战者约矣”。临沂银雀山出土汉简本作“我寡而敌众，能以寡击［众］……”准之后文，二者均不确。如本来就是我众敌寡，就谈不上“吾所与战者约矣”；始终是我寡敌众，也谈不上“吾所与战者约矣”。作如上改，兼采二者之长，文义就成了本来是我寡敌众，而能以众击寡者，是因为直接同我较量的敌军只是它的一小部分。这样，不仅前后文可通，于情于理亦无不顺。盖因传世本用“能以寡击众”改成本来就是“我众敌寡”，汉简本将“能以寡击众”改成本来就是“我寡敌众”，其间没有一个众寡的转化问题。窥诸全书，此传抄之误，非孙子本义也。孙子书中充满了辩证法的精神，这哪里有一点辩证法的味道呢？

［今译］ 所以善于统兵作战的人，总是想方设法让敌人充分暴露而自己则深藏不露，这样我军的兵力就可以集中而敌人的兵力就不得不分散。我军集中在一处，敌军分散在十处，就能用十倍于敌的兵力攻其一部了。这样，即使我寡敌众，我也能以众击寡，因为正面向我军作战的敌人是很有限的。

［原文］ 吾所与战之地不可知，不可知，则敌所备者多，敌所备者多，则吾所与战者寡矣。

故备前则后寡，备后则前寡；备左则右寡，备右则左寡；无所不备，则无所不寡。

寡者，备人者也；众者，使人备己者也。

［评析］ 本段重申上段文义，惟角度不同，专言不让敌人知道我军攻它的什么部位。这样，敌人就会四面防备，甚至处处防备，而我无论从何处进攻，或专攻其薄弱部位，都会是以众击少。

［今译］ 我军所要与敌作战的场合敌人不得而知，不得而知，那么敌人所要防备的地方就多了。敌人要防备的地方多，那么我

军所要攻击的敌军就少了。

所以,防备了前面,后面的兵力就单薄;防备了后面,前面的兵力就单薄;防备了左翼,右翼的兵力就薄弱;防备了右翼,左翼的兵力就薄弱;处处都防备,就处处都薄弱。

兵力不足,是因为被迫分兵防御;兵力充裕,在于迫使敌人分兵防御。

[原文]

故知战之地,知战之日,则可千里而战;不知战地,不知战日,则左不能救右,右不能救左,前不能救后,后不能救前,而况远者数十里,近者数里乎!

以吾度之,越人之兵虽多,亦奚益于胜哉?

故曰:胜可为也。敌虽众,可使无斗。

[评析]

本段承上文,侧重讲我方在战前对战地和时间都要心中有数;盲目进入战场,就会陷于被动,处处无力招架。下举越人为例,是因为越在楚国拉拢支持下,发展武力,坚持与吴为敌,构成对吴国的威胁。此言越不足忧,但未经实战,故未作评谈。末句概括以上全部论述,可使无斗,并不是说根本就不进行战斗,而是迫使其不得与我斗或丧失战斗力。

[今译]

所以,能预知交战的地点,预知交战的时间,即使远行千里,也可同敌人交战。事先不知在什么地方打,在什么时间打,远行千里而与敌人交战,那就左翼救不了右翼,右翼救不了左翼,前面救不了后面,后面救不了前面;何况距离远者只有数十里,近者只有数里呢?

依我所料,越国的兵力虽多,对争取战争的胜利又有什么补益呢?

所以说，胜利在于人为。敌军虽多，可以迫使它无法同我进行较量。

［原文］

故策之而知得失之计，作之而知动静之理，形之而知死生之地，角之而知有余不足之处。

故形兵之极，至于无形；无形，则深间不能窥，智者不能谋。

［评析］

本段承上文，分言如何了解敌情和隐蔽我情，重在前者。策之，义即首篇所说庙算。知得失之计，应为知其得失之计，即知道敌人计筹之得失也。以下各句文例同此。作之，起动、发动、挑动，比调动敌人义狭。形之，即现敌之阵形。角之，义为武力试探，打一下，犹今之火力侦察也。深间，指潜伏的间谍。不能窥，一点也看不出来。谋，此处有算计义，敌人再高明也无法设机关算计我也。这不仅是伪装隐蔽的问题，而是行迹和意图让谁也看不清，摸不着，吃不准，故曰“无形”。

［今译］

所以，筹算一下，就可知道敌人计筹之得失；挑动敌军，就可了解敌人活动的规律；现敌阵形，就能知道敌人之死地和生地所在；角斗一下，就可知敌人兵力分布的有余不足之处。（这样，敌情就全在我掌中了）

所以，制造假象到了绝顶，可以没有真象；没有真象，就连潜伏的间谍也无法窃得情报，再高明的敌人也无法巧设机关了。

［原文］

因形而措胜于众，众不能知；人皆知我所胜之形,而莫知吾所以制胜之形。故其战胜不复,而应形于无穷。

[评析] 本段总结上文,着重讲因敌制胜。因形而措胜于众,文义不明。这里所说的“众”,似泛指广大士卒。如然,措胜于众就不能解为把胜利摆在众人面前,而是根据敌情确立我军取胜之形。这样,前后文义就顺了。

[今译] 根据敌军情况来确定我军应采取的作战势态,广大士卒是不知道的;他们都知道我军之所以胜敌的作战势态,但不知为什么要采取这种作战势态。因敌制胜,所以制胜之法不会重复,而是适应不同的情况,变化无穷。

[原文] 夫兵形象水,水之行,避高而趋下;兵之形,避实而击虚。水因地而制形,兵因敌而制胜。故兵无成势,无恒形。能因敌变化而取胜者,谓之神。故五行无常胜,四时无常位;日有短长,月有死生。

[评析] 本段总结提高,指出因敌制胜的规律,即避实而击虚。虚实情况随时随地而异,同时同地亦有不同,可谓千变万化,所以避实击虚的方法就变化无穷。不变的只有避实击虚之理,不管怎么变化,都离不开此理,所以不管什么情况,都能克敌制胜。但此理又在千变万化的形势之中,随情而动,故形无穷而理亦无穷。把握此理,熟练运用,就可用兵如神。

［今译］ 用兵之法就像流水一样，水的流势，是绕过高处向低处流；战争的势态，是避开敌人兵力密集守御之处而击其兵少备懈的部位。水因地势高低而成就其流动的形态，作战则根据敌情变化来确定相应的取胜措施。所以，作战没有一成不变的势态，没有恒久不改的模式。能因敌情而变化其制胜之法者，就叫做用兵如神。这就像五行相生相克中没有一个能保持常胜，四季更替中没有一个能固定不移，白天短长不同，月亮有晦望圆缺一样。

军争篇

［解题］

本篇旨意甚明，无须多释。军争，即军事斗争，其义为在军事斗争中取得胜利，打胜仗而不打败仗，或多打胜仗少打败仗。不过，本篇的重点在如何才能打胜仗而不打败仗，即用什么手段和方法争取胜利，才能得到胜利，保证得到胜利。这不仅关系到战场上的胜败，而且是有关国家安危存亡的大问题。在古人看来，战争的根本目的就是要取人之国而有之，包括土地、城邑、子女玉帛和全部资产。所以，战争的目的就是争利，争人之利，与人争利。但我与人争利，人必与我争利，鹿死谁手，就看战场上的较量了。读本篇，我们一定要站在这种高度，才能得其旨意。

［原文］

孙子曰：凡用兵之法，将受命于君，合军聚众，交和而舍，莫难于军争。

军争之难者，以迂为直，以患为利。故迂其途而诱之以利，后人发，先人至，此知迂直之计者也。

［评析］

本段从战争动员、集合军队到开赴战场，直捷快当地提出军争问题。军事行动跃然纸上，让人有亲临其境之感。不过，这里所说的军争是指取得先机之利，即：先敌而至，一到战场就处于主动地位，取得先发制人的战机。以迂为直，指行军路线的迂直。以患为利，指克服行军途中的困难，包括敌人的阻挠。迂其途而诱之以利，义即利诱敌人，调动敌人走弯路。

[今译] 孙子说：按一般的用兵原则，主帅接到国君的委任，就征集民众，组成军队，开赴前线与敌人对阵，在这个过程中没有比争取先机之利更困难的了。

争取先机之利的难处在于，把走迂回的道路变为走直路，把有害变为有利。这就要用伪装佯动骗取敌人去走弯路，以利诱敌而摆脱其阻挠，结果就能够后敌出发而先到达交战要地，这就算是懂得运用迂直的计谋了。

[原文] 故军争为利，军争为危。举军而争利则不及，委军而争利则辎重捐。是故卷甲而趋，日夜不处，倍道兼行，百里而争利，则擒三将军；劲者先，罢（疲）者后，其法十一而至。五十里而争利，则蹶上将军，其法半至。三十里而争利，则三分之二至。是故军无辎重则亡，无粮食则亡，无委积则亡。

[评析] 本段承上文，谈两军争利的问题，着重军争之害。举军，义为带着全部军需装备去争利。委军义相反，抛掉军需物资。卷甲，即收起甲杖。擒三将军，义为被俘。文例与下蹶上将军同。蹶：摔倒，栽筋斗。古代军队编制大国一般为上、中、下三军。三将军，指三军将领；上将军，指上军将领。委积，义为军需储备，用以补充战争消耗。

[今译] 所以军争既是有利的，也是危险的。如果全军带着全部军需装备去争利，就不能如期到达交战要地；如果放下军需装备去争利，辎重就会遭到损失。因此，卷甲急进，日夜不休，倍道兼行，跑上百里去争利，三军将领都可能被俘；士卒强壮的

先到,疲弱的掉队,结果只能到达十分之一。赶上五十里去争利,上军将领可能折损,士卒只有半数能赶到。赶上三十里去争利,只有三分之二的士卒能赶到。再说,军队没有辎重就不能生存,没有粮食就不能生存,没有物资供应就不能生存。(可见,军争也有失败的危险)

[原文] 故不知诸侯之谋者,不能豫交;不知山林、险阻、沮泽之形者,不能行军;不用乡导者,不能得地利。

故兵以诈立,以利动,以分合为变者也。故其疾如风,其徐如林;侵掠如火,不动如山;难知如阴,动如雷震。掠乡分众,廓地分利,悬权而动。

先知迂直之道者胜,此军争之法也。

[评析] 本段承上文,总言按迂直之理,权衡利弊得失,进行一切军事活动,是军争的基本原则。首言客观条件。豫交即预交,古预与豫通用。沮泽,水草丛生的沼泽。次言作战行动。以诈立,即以奇用兵,"兵者,诡道也"。其徐如林,队伍缓行时像森林。侵掠如火,言攻敌阵或敌营。难知如阴,言荫蔽之深。掠乡分众,义为分兵掳掠乡邑。廓地分利,义为开拓领土后分兵守之。末言迂直之道。道,传世本作"计",此据汉简本改。因此句总上文而言,故以作道为佳。如仍如前文作计,则其所指就是一次具体的军事行动,同上文就不合拍了。

[今译] 所以不了解各国诸侯的战略企图,不能预先进行交结;不先熟悉山林、险阻、水网、沼泽等各种地形,不能行军;不雇用向导的,不能得到地利。

用兵要以诡诈取胜，根据利害采取行动，按分散和集中兵力的方法变换战术。所以行动快时如疾风，慢时像森林；进犯敌营如烈火，坚守壁垒如山岳；荫蔽时深不可测，发动攻击则如雷霆。掳掠乡邑，要分兵活动；开拓疆土，要扼守有利地形；权衡利害得失，然后相机行动。

要之，事先懂得迂直之理的就能夺得胜利，这就是军争的原则。

[原文]

《军政》曰："言不相闻，故为金鼓；视不相见，故为旌旗。"故夜战多金鼓，昼战多旌旗。夫金鼓旌旗者，所以一民之耳目也；民既专一，则勇者不得独进，怯者不得独退。此用众之法也。

[评析]

本段另起，专言号令严明，行动一致，是指挥部队作战的基本方法。《军政》，是那时的一本兵书，已佚。

[今译]

《军政》中说："作战时用语言指挥听不见，所以要设置金鼓；用动作指挥看不见，所以要设置旌旗。"因此，夜战多用金鼓，昼战多用旌旗。金鼓旌旗，是用来统一全军的行动的；全军视听集中，行动统一，那么，勇敢的士卒就不能任意单独前进，怯懦的士卒就不敢单独后退了。这就是指挥大部队作战的方法。

[原文]

故三军可夺气，将军可夺心。

是故朝气锐，昼气惰，暮气归。故善用兵者，避其锐气，击其惰归，此治气者也。以治待乱，以静待哗，此治心者也。以近待远，以佚待劳，以饱待饥，此治力者也。无邀正正之旗，勿击堂堂之陈，此治变者也。

［评析］

本段与上文对应，专讲如何对敌。所言乃军威、军心、实力、士气，故以“夺心”、“夺气”总之。夺气，乘敌士气衰竭时猛击之。夺心，动摇敌帅之决心，令其军心动摇，在敌军忙乱时击之。反之，对军容严整、军威雄壮之敌，则不可截击；应避其锋，待其露出破绽时再击之。

［今译］

对于敌人的军队，可以使其丧失士气；对于敌人的将领，可以使其丧失心计。

军队投入战场时士气旺盛，过一段时间就逐渐懈怠，最后士气就衰竭了。所以善于用兵的人，要避开敌人的锐气，待到敌人懈怠士气衰竭时攻击之，这就是把握士气的方法。用我军之严整对付敌军之混乱，用我军之镇静对付敌军之轻躁，这就是掌握军心的方法。用自己部队接近战场准备好对付远道而来的敌人，用自己休整好的部队从容对付征途劳累的敌人，用自己饱食过的部队对付饥饿的敌人，这就是控制军队战斗力的方法。不要去截击旗帜整齐、行伍雄壮的敌人，不要去攻击阵容堂皇、实力强大的敌人，这就是随机应变的方法。

［原文］

故用兵之法：高陵勿向，背丘勿逆，佯北勿从，锐卒勿攻，饵兵勿食，归师勿遏，围师必阙，穷寇勿迫，此用兵之法也。

［评析］

本段接上文，综言战场上的各种情况和作战方法。勿向，不要仰攻。勿逆,不要正面迎击。佯北,即佯败。饵兵勿食,义为不要理睬。勿遏,不要正面截击。围师必缺,网开一面。穷寇勿迫,不要逼迫太甚,以免狗急跳墙。这些,都是作战时应注意的事项,说是用兵法则,亦可。

[今译] 所以用兵的法则是:敌人处于高陵时不要仰攻,敌人背靠高地时不要从正面攻,敌人佯败时不要去追击,敌之精锐不要去攻,敌之诱兵不要理睬,敌军退回本国时不要迎头阻击,包围敌军要虚留缺口,敌军已到绝境时不要逼得太紧。这些,都是用兵的法则。

九变篇

[解题]

本篇旨意,历来多不得其解,统以作战中的随机应变释之。细读本文,反复体味,方知其所讲乃战争中的非常状态和如何处理非常状态的问题。例如,文中所说的五种地形,在战争中都是不正常的;用以取胜于敌的五种方法,更是不正常的;将领的五种毛病,也是不正常的。任何事物都有其常态和变态,战争亦然。在战争的常态中有一个适应敌情进行战术变化的问题,而本文所讲乃战争之变态,所以不存在这个问题。因此,篇题之"变"并非变易、变化之变,而是指相对于常态的变态,也可说是反常态或异常态。"九",言其多,如九天九地之用法,义为各种变态。战争的常态是一个战略问题,战争的变态也是一个战略问题。知常而不知变,知变而不知常,都不可能取得战争的全胜。从某种意义上说,战争的常态也是变态中之常态,所以,以常应变固然重要,而反常为变则更为重要。如此,则可不战而胜,无敌于天下。读此文,必须牢记此旨。

[原文]

孙子曰:凡用兵之法:将受命于君,合军聚众,圮地无舍,衢地合交,绝地无留,围地则谋,死地则战。

[评析]

本段开门见山,军队在出征中就碰上了各种异常的地理环境。圮地,义当为泛地,而非如后文所说有山林、险阻、沮泽等而难于通行之地,故有作泛地者。这是一种被大水冲击成的洼地，形似锅底，漫漶无边，土质疏松，地表断裂，于攻于守均不利，故不宜宿营。衢地四通八达，可四面受敌。绝地，缺乏生存条件之地。围地，进退不利，易受包围而不得解脱之地。死地，走投无路之地，非战无以求生，所谓置之死地而后生是也。

［今译］ 孙子说：按一般的用兵原则，主帅接到国君的指令，就集合士众，组成军队，立即出征。征途中遇到圮地不要宿营，到衢地要交结友邻诸侯为外援，在绝地上不要停留，进居围地就巧为计谋，到了死地就要力战求生。（这样，就能得地之利）

［原文］ 途有所不由，军有所不击，城有所不攻，地有所不争，君命有所不受。

［评析］ 本段从作战方式上讲战争的非常态。各句“有所”二字，耐人寻味。通观全文，殆有意为之也。不如是解，就会走味。譬如说，途有所不由，其义即按常规该走的路而故意不走，非本来就不当走也。

［今译］ 有的路可走而故意不走，有的敌军可打而故意不打，有的城池可攻而故意不攻，有的地盘可争而故意不争，国君的命令应当接受而有些则不予接受。

［原文］ 故将通于九变之利者，知用兵矣。将不通于九变之利者，虽知地形，不能得地之利矣。治兵不知九变之术，虽知五利，不能得人之用矣。

［评析］

本段总结上文。地形,即首段所说五种地形。五利,即二段所说五种作战方式之利。因此,有疑本文篇名应为五变者,盖由不得其旨而致误也。

［今译］

所以,将帅能精通以上各种非常规作战方式的运用,就知道怎么用兵了。

将帅不精通以上各种非常规作战方式的运用,即使了解地形,也不能得到地利。

指挥军队不知道各种非常规作战方式,虽然知道上述"五利",也不能充分发挥人力的作用。

［原文］

是故,智者之虑,必杂于利害。杂于利,而务可信也;杂于害,而患可解也。

［评析］

本段承上文另起。杂于利害,义为利害相参,两方面都要照顾到。可信,借为可伸,即可顺利执行。

［今译］

因此,聪明的将帅考虑问题,必然兼顾到利害两个方面。在不利情况下看到有利方面,作战任务就可顺利完成;在有利情况下看到不利方面,祸患才可解除。

［原文］

是故,屈诸侯者以害,役诸侯者以业,趋诸侯者以利。

［评析］

本段承上文另起,前后无太大联系。但总的是说,怎么才能不用战争方式取得胜利。屈,屈服,制服。害,此处义为危害。役,役使、驱使。业,业务、事情。

［今译］ 要使各国诸侯屈服,就得对它加以危害;要使各国诸侯无力对我,就得驱使它去做别的事情;要使各国诸侯受我牵制,就得动之以利。

［原文］ 故用兵之法:无恃其不来,恃吾有以待也;无恃其不攻,恃吾有所不可攻也。

［评析］ 本段承上文,说明不用战争解决问题,必须以实力为后盾。文中每句两“恃”字含义不同。前一“恃”字,义为寄希望于敌人,盲目相信敌人,或认为敌不敢来犯。后一“恃”字,义为依靠自己的实力和准备。

［今译］ 所以,用兵的准则是:不要寄希望于敌人不敢来,而要依赖于自己的充分准备;不要寄希望于敌人不会进攻,而要依赖于自己有不可攻的实力。

［原文］ 故将有五危:必死,可杀也;必生,可虏也;忿速,可侮也;廉洁,可辱也;爱民,可烦也。凡此五者,将之过也,用兵之灾也。覆军杀将,必以五危,不可不察也。

［评析］ 本段论将,意在选用将帅。有以上致命缺点的人,是不能用的。必死,一味死拼。必生,贪生怕死。忿速,暴躁易怒。廉洁自持,本是好的,但多经不起污辱。爱民如子,也是

好的，但在战争中可使之四处拯救民众而不胜其烦劳，故曰：可烦也。

［今译］ 将帅身上有以下五种弱点，将是非常可怕的。即：只知死拼，就可以诱杀；贪生怕死，就可以俘虏；暴躁易怒，就可以轻侮取之；廉洁好名，就经不住污辱；爱民备至，会受到烦扰而不得安宁。以上五点，是将帅的过错，也是用兵的灾难。军队覆灭，将帅被杀，必然出自这五种危险，这是不可不加以充分认识的。

行军篇

[解题]

本篇名实相符,无须多解。惟本篇所言行军非一般军事调动,而是作战行军,即通常说的行军打仗。所以,在行军中要经常处于有利的作战位置并作好战斗准备。同时,要随时注意侦察并分析敌情,了解敌人的举措和动向,争取克敌致胜。在行军作战中,军官要关心士卒,严明纪律,上下一致,做到不战则已,战则必胜。读此文,如亲临其境,从未参与过战争的人也可体会到行军作战的滋味。

[原文]

孙子曰:凡处军相敌;绝山依谷,视生处高,战隆勿登,此处山之军也。

绝水必远水;客绝水而来,勿迎之于水内,令半济而击之,利;欲战者,无附于水而迎客;视生处高,无迎水流,此处水上之军也。

绝斥泽,惟亟去无留。若交军于斥泽之中,必依水草而背众树,此处斥泽之军也。

平陆处易,而右背高,前死后生,此处平陆之军也。

凡此四军之利,黄帝之所以胜四帝也。

[评析]

本段讲行军作战中,驻营要根据地形和敌情,处于有利的战争态势。地形共分四类:山地、江河、斥泽、平地。斥泽,即盐碱沼泽地。文中“绝”,义为经过、渡过。“背”,义为依托。“生”、“死”,均指地形,如“视生处高”,即背靠山而面向下坡;

"前死后生",即后高前低。作战时一般要由高处向低处俯冲,才可自存而胜敌。"战隆勿登",义为中央隆起四面为缓坡之地,容易四面受敌,故不能登上这种地方作战。黄帝,传说中人物。四帝:赤帝、青帝、白帝、黑帝也。我国古代有五帝之说:赤帝即炎帝,青帝为太昊,白帝为少昊,黑帝曰颛顼。四帝分居东、西、南、北,而黄帝居其中焉。这种安排出自五行说,过去多以为是战国时阴阳家邹衍之所为,据此可知,这种说法在春秋后期就有了。后来的《吕氏春秋》中采用此说。太史公《五帝本纪》与此不同,以黄帝、颛顼、帝喾、帝尧、帝舜为五帝,另有所据,不可视为信史。

[今译]

孙子说:一般地讲,在行军作战途中扎营,要考虑到敌情。途经山地,必须靠近谿谷,驻在背山面水地方;敌人占据的高地,不要去仰攻。这是在山地扎营对敌应采取的处置。

横渡江河,应远离水流结营布阵;敌渡水来战,不要在它渡水时迎击,要等它渡过一半时再攻击,这样更有利;如要同敌人决战,不要紧靠水边列阵;在江河地带扎营,也要居高向低,不要面向水流。这是在江河地带扎营对敌应采取的处置。

通过盐碱沼泽地带,行动要迅速,不要逗留。如果在盐碱沼泽地带同敌军遭遇发生战斗,那就必须贴近水草而背靠众树。这是在盐碱沼泽地带行军遇敌时应采取的措施。

在平原上应占据开阔地域,右翼要依托高地,前低后高,这就是在平原上结营布阵应采取的处置。

以上四种处置军队的优胜之处,就是黄帝分别战胜赤帝、青帝、白帝、黑帝的原因。

[原文]

凡军好高而恶下,贵阳而贱阴,养生而处实。

军无百疾，是谓必胜。

丘陵堤防，必处其阳而右背之。此兵之利，地之助也。

上雨，水沫至，止涉，待其定也。

绝天涧、天井、天牢、天罗、天陷、天隙，必亟去之，勿近也。吾远之，敌近之；吾迎之，敌背之。

军旁有险阻、潢井、葭苇、山林、蘙荟者，必谨覆索之，此伏奸之所也。

［评析］

本段承上文，一讲如何利用地形驻军休养士卒，二讲各种地形与行军作战的关系。天涧山间积水如天池、天河。天井，地形似井。天牢，地形似牢房。天罗，四周有纵横交错的草木如网罗。天陷，地形塌陷。天隙，地表有沟壑，坑洼不平。险阻，指山势高峻和夹水难行之地。潢井，积水大坑。葭苇，芦苇。蘙荟，草木茂密，遮蔽视线。覆索，反复搜索。

［今译］

凡是驻军，都喜欢高亢干燥之处，讨厌潮湿低洼之地；重视向阳之处，鄙弃阴暗之地；生存环境好，军需供应足。这样，将士百病不生，兵强马壮，胜利就有了可靠的保证。

行军到有丘陵堤防的地方，必须占据其向阳的一面，并把右翼背靠着它。这是凭借地形采取的克敌制胜的措施。

江河上游下雨，冲来水沫，要禁止徒涉，待水势平稳了再渡河。

遇到天涧、天井、天牢、天罗、天陷、天隙，务要迅速离开，不要接近。我军要远离这种地方，让敌人去靠近它；我们应面向这种地形，让敌人背靠着它。

行军中经过险阻、湖沼、芦苇丛、山林和草木繁茂的地方，必须谨慎地反复进行搜索，这些都是敌人有可能隐伏奸细的处所。

［原文］

敌静而近者，恃其险也；远而挑战者，欲人之进也。其所居易者，利也。众树动者，来也；众草多障者，疑也。鸟起者，伏也；兽骇者，覆也。尘高而锐者，车来也；卑而广者，徒来也；散而条达者，薪来也；少而往来者，营军也。辞卑而益备者，进也；辞强而进驱者，退也。轻车先出，居其侧者，陈也；无约而请和者，谋也；奔走而陈兵者，期也；半进半退者，诱也。杖而立者，饥也；汲役先饮者，渴也；见利不进者，劳也。鸟集者，虚也；夜呼者，恐也；军扰者，将不重也；旌旗动者，乱也；吏怒者，倦也。粟马肉食，军无悬甀，不返其舍者，穷寇也。谆谆翕翕，徐言入入者，失众也；数赏者，窘也；数罚者，困也；先暴而后畏其众者，不精之至也。来委谢者，欲休息也。兵怒而相迎，久而不合，又不相去，必谨察之。

［评析］

本段紧接上文，详论敌情之种种表现。生动翔实，简明扼要。如临其境，如与其事。像侦察手册，更像侦察口诀。文字虽古，可不作解。

［今译］

敌人近我而安静的，是仗恃它占据着险要地形；敌人远我而来挑战的，是想诱我前进。敌人所以要驻扎在平坦地方，是因为这样对它有利。众多树木摇动，是敌人荫蔽来攻；草丛中有许多障碍物，是敌人故设疑兵。群鸟惊飞，是下面有伏兵；

野兽骇奔,是敌人前来突袭。尘土高而尖,是敌人战车驶来;低而宽阔,是敌人徒兵开来;散而疏朗,是敌人曳柴而来;少而来往飘浮,是敌人在安营扎寨。敌人对我言辞谦卑而背后加紧战备的,是准备进攻;措辞强硬,而表面在驰骋进逼的,是准备撤退。敌战车先出动列于两侧的,是在布阵;没有约定就来请和的,是要玩阴谋;频繁调动兵力布阵的,是想近期决战;进进退退的,是企图引诱我军。敌兵倚着兵杖站立,是饿坏了;水夫汲水先饮的,是渴极了;见利而不来争的,是累垮了。鸟雀在敌营寨上成群聚栖,是营空了;敌军夜间惊叫,是恐惧的表现;敌营中无故惊扰,是敌将缺乏威重的表现;旗帜摇动无规律,是敌人队伍已经混乱;敌军官轻易就发怒,是厌战的表现。用马肉做食物,连汲水器都没有,又不返回营舍的,是走投无路的穷寇。同部下讲话有气无力,半吞半吐,是敌将失去人心的表现;不断犒赏士卒的,是处境窘迫的表现;不断惩罚部属的,是陷入困境的表现。先对部下打骂惩处而后又害怕部下的,是最不精明的将领。

敌人派使者来委质谢罪的,是想休兵息战。敌军逞怒来与我对阵,但久不交锋又不撤走的,必须谨慎地观察它的企图。

[原文] 兵非多益,惟无武进,足以并力、料敌、取人而已。夫惟无虑而易敌者,必擒于人。

[评析] 本段另起,主要讲自己的兵力。多益,多了就有益。武进,恃武冒进。并力,集中兵力或协同力量。料敌,义为清理计算,如说"料敌如神",即把敌人的兵力多少、虚实、动向、意图在心中算得一清二楚。取人,义为取胜于敌人,非争取人心

也;有作如是解者,然于前后文难通。无虑,不加思虑。易敌,轻敌也。文义与料敌正反。

[今译] 打胜仗不在于有过多的兵力,只要不逞强冒进,有足够集中的兵力、洞悉敌情、能取胜于人而已。那种既不虑略而又轻敌的人,必然为人所擒。

[原文] 卒未亲附而罚之,则不服,不服则难用也;卒已亲附而罚不行,则不可用也。故合之以文,齐之以武,是谓必取。令素行以教其民,则民服;令素不行以教其民,则民不服。令素行者,与众相得也。

[评析] 本段主要讲治军与官兵关系。这是克敌制胜之本,故以此结束全文。亲附,义为关系亲切,如父兄与子弟那样。合之以文,义为以恩德对待士卒。齐之以武,义为以军纪军法管教士卒。必取,义为取胜。令素行以教其民,义为平时就能贯彻命令,遵令者赏,违令者罚。民,此处指士卒。

[今译] 士卒还没有亲附就施行处罚,他们便会不服,不服就很难调用;士卒已经亲附,仍不执行法纪,也就无法调用了。所以,要施加恩德使他们归心,严明法纪使他们行为整肃,这就叫做必胜之军。平素能贯彻命令,管教士卒,士卒就会养成服从的习惯;平素不能贯彻命令,管教士卒,士卒就会养成不服从的习惯。命令一贯能执行下去的,是将帅与士卒之间关系融洽的表现。

地形篇

［解题］

本篇主题明确，要在讲研究地形和利用地形进行战争。战争要取胜，不仅要知己知彼，而且要知地形，并把二者结合起来，因地利而发挥军事力量的作用。当然，这里说的是与战争有关的地形，可谓军事地形学。

［原文］

孙子曰：地形有通者，有挂者，有支者，有隘者，有险者，有远者。

我可以往，彼可以来，曰通。通形者，先居高阳，利粮道，以战则利。

可以往，难以返，曰挂。挂形者，敌无备，出而胜之；敌有备，出而不胜，难以返，不利。

我出而不利，彼出而不利，曰支。支形者，敌虽利我，我无出也，引而去之，令敌半出而击之，利。

隘形者，我先居之，必盈之以待敌；若敌先居之，盈而勿从，不盈而从之。

险形者，我先居之，必居高阳以待敌；若敌先居之，引而去之，勿从也。

远形者，势均，难以挑战，战而不利。

凡此六者，地之道也，将之至任，不可不察也。

［评析］

本段从军事角度讲各种地形，所用名称多为军事用语。通形，即彼此来去通达，双方均可利用。挂形，前低后高，呈陡坡状，像挂起来一样。支形，即条形，来往只有一条道，兵力展不开，故对双方出兵均不利。隘形，地形狭隘，易守难攻。险形，地形险峻。远形，距作战双方均远。打仗必须先了解这六种地形，决定打与不打，如何打法。

［今译］

孙子说：用兵作战的地形有：通形、挂形、支形、隘形、险形、远形，共六种。

我军可以去，敌人可以来的作战地域，叫做通形。在通形地域上，应先占据阳光充裕的高地，保持粮道畅通，这样作战就有利。

可以前往，难以返回的作战地域，叫作挂形。在挂形地域，如果敌不设备，就突然出击，战而胜之；如果敌人有备，出击不可能取胜，又难以返回，就不利了。

我军前出不利，敌军前出也不利，这种作战地域叫做支形。在支形地域，即使敌人诱我前出，我也不能出，要佯装引军而去，让敌人出来一半时再迅速回兵击之，这样就有利了。

隘狭之地，如我军能抢先占领，就必须以重兵扼守隘口，等待敌人前来。如敌人抢先占领了，并以重兵扼守着隘口，我就不要去打；如果敌人没有重兵封锁隘口，那就可以打进去了。

险峻之地，如果我先占领，必须据守高阳之所，等待敌人前来；如果敌人先占领了，我就应引兵撤退，不要去打了。

远形作战地域，双方地势均同，难以向敌挑战，勉强去打，是不会有利的。（两败俱伤或打成平手）

以上六项，是利用地形作战的原则。这是将帅的重大责任所在，做将帅的切不可不认真地予以考察和研究。

［原文］

故兵有走者，有弛者，有陷者，有崩者，有乱者，有北者。凡此六者，非天地之灾，将之过也。

夫势均，以一击十，曰走。卒强吏弱，曰弛。吏强卒弱，曰陷。大吏怒而不服，遇敌怼而自战，将不知其能，曰崩。将弱不严，教道不明，吏卒无常，陈兵纵横，曰乱。将不能料敌，以少合众，以弱击强，兵无选锋，曰北。

凡此六者，败之道也。将之至任，不可不察也。

［评析］

本段专论治军用兵问题，似乎与上段无关。实际上，这是说光知道如何利用地形还不够，还必须有一支能征善战的军队和堪负重任的将帅，否则仍然会招致失败。文中所说六种失败情况均属此类，故曰“非天地之灾”也。走，逃跑、逃奔。弛，松懈。陷，塌陷，缺乏战斗力。崩，分崩离析，瓦解。乱，内部混乱。北，败北。势均，指地理形势。选锋，指精锐部队。这六种失败情况，都不是“天地之灾”造成的，而是由于将帅本身不能尽职尽责或根本缺乏做将帅的能力。

［今译］

军事上有走、弛、陷、崩、乱、北等六种失败情况。这六种情况，都不是由自然环境发生灾害造成的，而是将帅本身的过失带来的后果。

在地理形势上有同等机遇而以一击十的，必然败逃，这就叫走。士卒强悍，军官懦弱的，队伍必然松懈，这叫做弛。军官强悍，士卒懦弱的，必然战斗力差，这叫做陷。偏将怨怒而不服从调遣，遇到敌人愤然擅自出战，主将又不了解他的能力，临战必然崩溃，这就叫做崩。将帅软弱没有威严，治军没有章法，官兵关系不正常，布阵横七竖八，必然不战自乱，所以叫做乱。将帅对敌情心中无数，以少对众，以弱击强，前锋又没有精锐分队,这就必然失败,故名曰北。

以上六种情况,都有其失败的原因。将帅对此负有重大责任,这是不可不认真考察研究的。

［原文］

夫地形者,兵之助也。料敌制胜,计险易、远近,上将之道也。知此而用战者必胜,不知此而用战者必败。

［评析］

本段回到主题,再次强调地形的重要性。兵之助也,义为用兵的凭借,按地形用兵作战,好像戏台一样。以往释为辅助条件,可有可无,其义不确,且与下文义不相符。

［今译］

一般说来,地形是用兵的凭借(舞台)。所以,料敌制胜,考察地形险易,计算道路远近,是高明的将领必须掌握的方法。懂得这些道理去指挥战争的,必然会胜利;不懂得这些道理就指挥战争的,必然要遭到失败。

［原文］

故战道必胜,主曰无战,必战可也;战道不胜,主曰必战,无战可也。故进不求名,退不避罪,唯民是保,而利合于主,国之宝也。

［评析］

本段承上文,谈将帅与君主的关系。战道,即前"上将之道"。据此道而必胜的就坚决打,不能取胜的就坚决不打。即使违反国君的命令,也在所不惜。因为,打仗不是为了个人出名,而是为了保全民众,维护君主利益。只要有利于君主,即使有违命之罪,也在所不辞了。

[今译] 按照战争胜负之理定能胜利的,即使国君命令不打,也要坚持去打;按照战争胜负之理取胜无望的,即使国君命令去打,也要坚持不打。进不贪图战胜的名声,退不回避违命的罪责,只求保全民众,以国君的利益为指归,这样的将帅,才是国家的宝贵财富。

[原文] 视卒如婴儿,故可与之赴深谿;视卒如爱子,故可与之俱死。厚而不能使,爱而不能令,乱而不能治,譬若骄子,不可用也。

[评析] 上段讲将帅与君主的关系,此承上文,转而谈将帅与士卒的关系。文中以父子关系为喻,非实指,故"赴深谿"、"俱死"亦非实指。文中实指者只有治军数语。

[今译] 看待士卒像婴儿一样,就可与士卒共赴艰险,看待士卒像爱子一样,就可与士卒同生共死。对士卒厚待而不加使用,爱护而不加管教,违犯法纪而不予惩治,那士卒就会像娇惯的子女一样,是不能用来作战的。

[原文] 知吾卒之可以击,而不知敌之不可击,胜之半也;知敌之可击,而不知吾卒之不可以击,胜之半也;知敌之可击,知吾卒之可以击,而不知地形之不可以战,胜之半也。故知兵者,动而不迷,举而不穷。故曰:知彼知己,胜乃不殆;知天知地,胜乃可全。

[评析] 本段总结全文,言简意赅,完美无缺。胜之半,只有一半

的可能性,非实胜一半。动而不迷之迷,义如举棋不定,不知如何是好。举而不穷,指各种举措,不限于随敌应变,因为这里还有一个地形问题。

[今译] 只晓得自己的部队能打,而不知道敌人不可以打,胜利的可能性只有一半;只了解敌人可以打,而不知道自己的部队不能打,胜利的可能性也只有一半;知道敌人可打,也知道自己的队伍能打,而不了解地形不利于作战,胜利的可能性还是只有一半。所以懂得用兵的人,他的行动决不会迷惑不定,他的举措就会无穷无尽。故而说:既了解敌方,又了解我方,胜利就不会有危险;晓得天时,晓得地利,胜利就可保万全。

九地篇

［解题］

本篇和《九变》一样，在《孙子兵法》中也是一篇奇文，故历来也多不得其解。篇名《九地》，但根本不讲军事地形，也很少讲军事地理，而更多地着墨于行军和作战的社会地域，令人丈二金刚摸不着头脑。究其原因，在于本篇所讲乃外线作战，即通常所说的战略进攻，而且是进入敌国实行战略进攻。这种战争带有我们现在所说全面战争或总体战争的许多特点，涉及方方面面，所以本文内容就显得庞杂，并与前述各篇在行文上有不少重复。但关键还是在于如何赢得战争，所以各个方面都是以此为中心而展开的。只是由于在外线作战，脱离本土，悬军敌境，所以这种战争又具有不同于一般战争的许多特点。对这种战争，我们可称之为非常环境中的异常战争形态。只有这种战争，才能把进行战争的各种因素及其功能充分发挥出来，做到胜敌于千里之外，覆其军而杀其将，取其国而有之。本文神奇绝险，令人读之而不厌。谓予不信，请君读之。

［原文］

孙子曰：用兵之法，有散地，有轻地，有争地，有交地，有衢地，有重地，有圮地，有围地，有死地。

诸侯自战其地者，为散地。入人之地而不深者为轻地。我得则利，彼得亦利者，为争地。我可以往，彼可以来者，为交地。诸侯之地三属，先至而得天下之众者，为衢地。入人之地深，背城邑多者，为重地。山林、险阻、沮泽，凡难行之道者，为

圮地。所由入者隘，所从归者迂，彼寡可以击吾之众者，为围地。疾战则存，不疾战则亡者，为死地。

是故散地则无战，轻地则无止，争地则无攻，交地则无绝，衢地则合交，重地则掠，圮地则行，围地则谋，死地则战。

［评析］ 本段开宗明义，从战略上把有关的地域分为九种，也可称战略地理。其中四种同见于《九变篇》。惟本篇对“九地”的排列是由近及远，着重进入敌人腹地作战。散地，义为军心容易涣散，故不宜作战。轻地在敌国边境线内，得之无足轻重，故不宜停止于此。争地得之固然有利，但如久攻不下，就会影响战略全局，故不宜进攻。交地道路交错，要注意保持部队的联系，不要被敌人隔绝开。衢地是多国交界地方，先到达可以得到邻国援助。重地不说自明。圮地、围地、死地，解如前，只不过这里说的是在敌国的内部纵深地区。

［今译］ 孙子说：用兵的原则要考虑所在的地域，其中有散地、轻地、争地、交地、衢地、重地、圮地、围地、死地。

诸侯在本国境内作战的地区，叫做散地。进入敌国境内不深的地区，叫做轻地。我军得到有利，敌军得到也有利的地区，叫做争地。我军和敌军都可以来往的地方，叫做交地。多国交界地方，先到达就可以得到列国诸侯援助的地区，叫做衢地。深入敌境，贴近敌人众多城邑的地方，叫做重地。山岭、森林、险阻、沼泽等难于通行的地区，叫做圮地。进军的道路狭隘，退回的路线迂远，敌人能对我们以少击众的地区，叫做围地。奋勇急战才能生存，稍有松懈就会覆没的地区，叫做死地。

因此，在散地要避免作战，在轻地不要停留，遇争地不要与敌对攻，过交地部队不要断绝联系，到衢地应交结诸侯，入重地就掠取粮秣，遇圮地就迅速通过，逢围地要善用计谋，陷入死地就拼命死战以求生存。

［原文］

所谓古之善用兵者，能使敌人前后不相及，众寡不相恃，贵贱不相救，上下不相收，卒离而不集，兵合而不齐。

合于利而动，不合于利而止。敢问：敌众以整，将来，待之若何？曰：先夺其所爱，则听矣。

兵之情主速，乘人之不及，由不虞之道，攻其所不戒也。

［评析］

本段承上文展开，说明在通过“九地”后，如何与敌军作战。首先要把敌军打乱。如果敌军严阵而来，就先割取其性命交关的部位，把它调动起来。然后抓住敌人的弱点，出乎意料地迅猛进击，这样敌军就乱套了。文中“合于利”句，义为对我有利则打，于我不利就不要打。

［今译］

传说古时善于指挥作战的人，能使敌军前后部队不相策应，主力和分翼互不支持，官兵互不救援，主帅与下级互不联络，士卒溃散时不能集合，会战时阵形摆不严整。

主帅要做到，对我有利就打，对我无利就按兵不动。请问：“如果敌军众多并且阵势严整地向我前进，用什么办法对付它呢？”答曰：“先夺取它不可割舍之所在，就能使它听从我的摆布了。”

用兵之理，贵在神速，乘敌人措手不及的时机，走敌人意料不到的道路，攻击敌人没有戒备的地方。

［原文］

凡为客之道：深入则专，主人不克；掠于饶野，三军足食；谨养而勿劳，并气积力；运兵计谋，为不可测。

［评析］

本段承上文，讲深入敌境后的问题。客：客军，古时敌对双方常以主、客分，主人即指敌军。深入则专，义为齐心合力。

［今译］

凡是进入敌境作战的军队，其规律是：进入敌境越深，就越是能齐心合力，敌人就越是不能战胜我军。在丰饶的田野上掠取粮秣，全军就有足够的给养。注意休整部队，不使过于疲劳，养精蓄锐，提高士气。运用兵力要精于计谋，使敌人摸不到底细。

［原文］

投之无所往，死且不北。死，焉不得士人尽力？兵士甚陷则不惧，无所往则固，入深则拘，不得已则斗。是故不修而戒，不求而得，不约而来，不令而信，禁祥去疑，至死无所之。吾士无余财，非恶货也；无余命，非恶寿也。令发之日，士坐者涕沾襟，卧者涕交颐。投之无所往者，诸、刿之勇也。

［评析］

本段承上发挥，可连读。惟本段专讲置之死地而后生，投之亡地而后存。文中甚陷，义为陷于危险。则拘，义为捆在一起，犹现在说抱团也。禁祥去疑，禁止占卜算命，不许惑乱军心。诸、刿，指刺杀吴王僚的专诸，鲁国勇士曹刿（一作曹沫）。

［今译］ 将部队置于走投无路的绝境，士卒宁死也不会败退。既然士卒宁死不退，怎能得不到武士们尽力而战呢？士卒陷入危险境地，就不恐惧；无路可走，军心就会稳固；深入敌境，大家就会拧成一团；迫处绝地，必然奋力战斗。这种情况下的部队，不须整饬，自能注意戒备；不加强制，就可得其死力；无须约束，就能亲如手足；不待申令，就会严守纪律。要禁止求神问卜，取缔惑疑言论，他们面对死亡也不会退避。我军将士没有多余的财物，并不是不爱财物；没有多余的性命可以牺牲，也不是不想长命。当作战命令下达的时候，士卒们坐着的泪湿衣襟，躺着的泪流满面。但一旦把他们投到无路可走的绝境，他们就会像专诸和曹刿一样的勇敢了。

［原文］ 故善用兵者，譬如率然；率然者，恒山之蛇也。击其首则尾至，击其尾则首至，击其中则首尾俱至。敢问：兵可使如率然乎？曰：可。夫吴人与越人相恶也，当其同舟而济，其相救也，如左右手。是故方马埋轮，未足恃也；齐勇若一，政之道也；刚柔皆得，地之理也。故善用兵者，携手若使一人，不得已也。

［评析］ 本段直承上文，讲部队整体作战。方马，或作放马，亦通，惟义相反。方，义为圈起来；放，义为放掉。埋轮，即埋掉车轮。此假设之辞，实无此例。刚柔，指地理；皆得，无不适宜，义为在任何地理条件下都能作战，是由于懂得利用地理。余不解自明。

［今译］ 所以善于统率军队作战的人，其部队在战场上就像率然

蛇。率然是恒山地方的一种蛇。这种蛇，打它的头部，它的尾部就来救应；打它的尾部，它的头部就来救应；打在腰中，它的头尾都来救应。请问："军队也可以使之像率然一样吗？"回答是："可以。"例如，吴国人和越国人本是相互仇恨的，但当他们同舟渡河的时候，他们互相救援就像一个人的左右手一样。因此，想用圈起战马，埋掉车轮的方法，向部队表示死战的决心，那是靠不住的。要使部队官兵都同样勇猛，靠的是治军有道；要使部队在什么地方都能作战，在于充分利用地理环境。所以善于用兵的人，能使全军携起手来像一个人一样，这是因为战场形势迫使部队不得不这样。

[原文] 将军之事，静以幽，正以治。能愚士卒之耳目，使民无知。易其事，革其谋，使民无识；易其居，迂其途，使民不得虑。帅与之期，如登高而去其梯；帅与之深入诸侯之地，而发其机；若驱群羊，驱而往，驱而来，莫知所之。聚三军之众，投之于险，此谓将军之事也。

[评析] 将军之事，义为军事统帅应做到的事。事，指下文。静，头脑冷静，不为外物和感情所动。幽，谋略深邃，奥妙莫测。正以治，公正严明，处变不乱。愚，蒙蔽。民，亦指士卒。帅与之期，如登高而去其梯，义为给部属下达任务后，对如何完成任务不要进行干预，助其实现。

[今译] 军事统帅应做到：思考冷静，谋略深邃；公正严明，处变不乱。要能蒙蔽士卒的视听，使他们对军机事务毫无所知。变更作战部署，改变原定计划，使他们看不破机关。经常改换驻

地，故意迂回行进，使他们猜不到意图。主帅赋予部属任务，不要继续加以扶持，就像登高而抽掉梯子一样。将帅令士卒深入敌国境内，就像击发弩机射出的箭一般，勇往直前。对士卒如同驱赶羊群，赶过去，赶过来，让他们不知道要去哪里。统领全军，投入险境，这就是主帅的任务。

［原文］

九地之变，屈伸之利，人情之理，不可不察也。凡为客之道，深则专，浅则散。去国越境而师者，绝地也；四彻者，衢地也；入深者，重地也；入浅者，轻地也；背固前隘者，围地也；无所往者，死地也。是故散地，吾将一其志；轻地，吾将使之属；争地，吾将趋其后；交地，吾将谨其守；衢地，吾将固其结；重地，吾将继其食；圮地，吾将进其途；围地，吾将塞其阙；死地，吾将示之以不活。

诸侯之情：围则御，不得已则斗，过则从。

是故，不知诸侯之谋者，不能预交；不知山林、险阻、沮泽之形者，不能行军；不用乡导者，不能得地利。

四、五者，一不知，非王霸之兵也。

［评析］

本段带有总结性，故行文与前多有重复。以往解为重文错简，实误。末言四五，多不得其解。或云四五有误，或云四五指九地分四与五。实则，诸侯之情有三，加诸侯之谋为四；首句九地之变，屈伸之利，人情之理，加行军与用乡导为五也。传本诸侯之情作故兵之情，义不可通。我军之情怎能是围则御云云呢？现据汉简文改，文理就通顺了。有以首句归上段者，亦不可通，因为将军之事没有这些内容，连下文读就通了。

文中为客之道与九地之名均与前重复,但此处重在屈伸之利和人情之理,故其解亦有不同者。如绝地,在《军争》中说是无所往的地方,解与本篇死地同。围地,前文说是:其由入者隘,其由归者迂;而本段解则与《军争》中文同。诸侯之情中过则从,义为绝望时就降服了。现通译如下:

[今译]

九种战略地域的不同举措,攻防进退的利害得失,全军上下的心态情绪,这些都是将帅不能不仔细观察并认真研究的。总的说来,做客军的情理是:进入敌境越深,军心就越是稳固;进入敌境越浅,军心就越是容易涣散。离开本国去敌境作战,就算是到了绝地:其中四通八达的地区谓之衢地,进入敌境深者就到了重地,进入敌境浅者算是轻地,背有险固前阻隘路的谓之围地,到处无路可走的则是死地。因此,在散地上,要统一部队意志;在轻地上,要使部队营帐互相联接;在争地上,要使后续部队迅速跟进;在交地上,要小心谨慎防守;在衢地上,要巩固与邻国的交结;进入重地,要抓紧补充粮秣;行经圮地,要快速前进早点通过;陷入围地,要严密把守缺口;到了死地,就要挥动士卒去拼命死战。

敌人之情则是,被包围就会抵抗,穷迫了就要战斗,陷入绝境只得降顺了。

不了解各诸侯国的战略图谋,就不要贸然与之结交;不熟悉山林、险阻、沼泽等地形,就不要盲目行军;不雇用向导,就得不到地利。

以上敌我四、五各项,只要有一项不知道,就谈不上是王霸之国的无敌军队。

[原文]

夫王霸之兵,伐大国,则其众不得聚;威加于敌,则其交不得合。是故,不事天下之交,不养天下之权,信己之私,威加于敌,故其城可拔,其国可隳。

施无法之赏,悬无政之令,犯三军之众,若使一人。犯之以事,勿告以言;犯之以害,勿告以利。投之亡地然后存,陷之死地然后生。故众陷于害,然后能为胜败。故为兵之事,在于顺详敌之意,并敌一向,千里杀将,此谓巧能成事者也。

[评析]

本段承上文,集中讲王霸之兵。文中天下,义为各国诸侯。不事,或作不争,以作不事为佳。此数句义为:不必去做交结诸侯的事,不要培植诸侯势力,放手发展自己的力量。信,义为伸展。犯,义为动用。顺详,即慎详,义为仔细分析判断敌人意图。

[今译]

所谓王霸之军,征讨大国时能使敌人的军民来不及动员集中;兵威加在敌人头上,就能使它的同盟不敢来配合策应。因此,不必去交结诸侯,不须培植诸侯势力,只要能放手发展壮大自己的力量,把兵威加在敌人头上,就可以拔取敌人的城邑,毁坏敌人的国都。

在战场上,要施行超出成法的奖赏,颁布打破常规的号令,调度指挥三军之众就好像使唤一个人一样。只赋予属下作战任务,而不告诉他们战略意图;只赋予他们危险任务,而不告诉他们如何变害为利。把士卒置于危地,才能转危为安;陷士卒于死地,才能转死为生。军队只有赴危犯难,然后才能夺得胜利。所以,指挥战争的关键,就在于仔细考察敌人的战略意图,集中兵力于战略主攻方向,长途奔袭,杀其将帅,这就是所谓巧妙用兵,以奇取胜的问题。

[原文]

是故,政举之日,夷关折符,无通其使;厉于廊庙之上,以诛其事。

敌人开阖,必亟入之。先其所爱,微与之期。践墨随敌,以决战事。

是故,始如处女,敌人开户;后如脱兔,敌不及拒。

[评析]

本段收尾,突出战争的紧张气氛和突发特性。文意未尽,但那是进入敌境以后的事。读者自然会从头回顾本文。政举之日,义为在决定发动战争的时刻。夷关,本义为毁掉边关,此处义为封锁。折符,指通行符节。厉,砥砺,磨刀也,此处义为严肃讨论。诛,义为决定。开阖,打开门扇。先其所爱,以往多援前文例,作先夺其所爱,扞格难通;此处意思是联络敌国君主亲信。微与之期,暗中与之约定。践墨,作按常规或打破常规追随敌人,均可。墨,绳墨也。实际上,这是在敌朝中收买间谍,与之约定在何时何地解决敌军,可参看后文《用间篇》。

[今译]

因此,在发动战争的时候,要封锁关口,折毁通行符节,不许敌国使者往来;在庙堂上反复谋划,作出战略决策。敌边境一旦出现空隙,就迅速乘虚而入。要先物色敌君亲信为内应,秘密与之达成默契,进入敌境后就打破常规跟踪敌军,到预定地区一举而歼灭之。因此,战争开始之前要像处女那样沉静柔和,诱使敌人放松戒备,打开门户;战争爆发之后,要像脱逃的野兔一样疾驰而前,使敌人措手不及,无法抗拒。

火攻篇

[解题] 本篇名实相符，旨意甚明，即把火攻作为一种战争手段和方式。篇中也提到水攻，但强调的则是火攻。因为，火攻可以给敌人造成重大伤亡和损失，有时甚至可以决定战争的胜败。有意思的是：本篇从火攻引申出对战争要持慎重态度。这实际上是把战争本身喻为火攻，其所造成的人员伤亡和物资消耗是巨大的，弄得不好还会家破国亡，所以绝不能等闲视之。两千年前而有如此认识，确属难能可贵。

[原文] 孙子曰：凡火攻有五，一曰火人，二曰火积，三曰火辎，四曰火库，五曰火队。行火必有因，因必素具。发火有时，起火有日。时者，天之燥也；日者，月在箕、壁、翼、轸也。凡此四宿者，风起之日也。

[评析] 本段谈火攻的种类与火攻的必要条件和手段。火人，即火烧人马。火积，指火烧储存的粮草。火辎，火烧军用辎重。火队，焚烧敌军物资运输线。队，同坠，假为隧，道也。行火，点燃，发火，引发。因，指发火用的材料。箕、壁、翼、轸，四座星宿名称。

[今译] 孙子说：火攻的形式一般有五种：一是火烧敌军人马，二是火烧敌军粮草积储，三是火烧敌军辎重，四是火烧敌人仓

库，五是火烧敌军粮道。发火必须有相应的材料器具，这些东西要在平时就准备好。放火要看天候，行火要看日子。天时是指气候干燥，日子要选在月亮行经箕、壁、翼、轸四座星宿的时候。月亮行经这四座星宿的时候，通常就是起风的日子。

［原文］

凡火攻，必因五火之变而应之。火发于内，则早应之于外。火发其兵静，待而勿攻；极其火央，可从而从之，不可从而止之。火可发于外，无待于内，以时发之。火发上风，无攻下风。昼风久，夜风止。凡军必知有五火之变，以数守之。

［评析］

本段承上文，讲火攻时要有相应的军事行动。五火之变，义为火攻时发生的五种不同情况，用法如九地之变。极其火央，火势极盛。以数守之，义为以风起的时数而随火应变。

［今译］

凡是火攻，必须根据五种不同的情况而采取相应的军事举措。从敌营内部放火，要事先把兵力部署在外围，及时发起进攻。敌营内部的火起来了而其部队镇静如常，要暂时按兵不动，待火势极盛时，看情况可攻则攻之，不可攻就罢休。火可以从外面放，这就无须等待内应，只要适时放火就行了。从上风放火时，不要从下风进攻。白天风刮久了，夜间就会停息。（不要等夜晚放火进攻）军队必须懂得灵活运用这五种火攻情势，准确把握火攻的时数。

［原文］

故以火佐攻者明，以水佐攻者强。水可以绝，不可以夺。

［评析］ 本段总结上文，以水攻作对比。明，以火势喻，义为攻势炎盛。强，以水势喻，义为攻势强劲。绝，隔绝。夺，毁灭。

［今译］ 军队以火助攻，其攻势炎烈；以水助攻，其攻势强劲。水可以分割隔绝包围敌人，但不能毁灭敌人。

［原文］ 夫战胜攻取，而不修其功者，凶，命曰费留。故曰：明主虑之，良将修之。非利不动，非得不用，非危不战。主不可以怒而举军，将不可以愠而致战。合于利而动，不合于利而止。怒可复喜，愠可复悦，亡国不可以复存，死者不可以复生。故明君慎之，良将警之，此安国全军之道也。

［评析］ 本段引申上文，从战争的后果谈对战争应取的态度。不修其功，历来多以论功行赏释之，实则这里讲的主要是巩固战果的问题。如攻城掠地之后，就要很好地治理，取得良好的效益。否则，巨大战费的支出就是白白花掉了。费留，即费流，义为战费流失。战费流失则国力空虚，故曰：凶。我国古代所说“兵，凶事也”，就有这种含义。理解这一点，全文就不说自明了。

［今译］ 凡战胜敌人，夺取了城邑土地，而不能加以治理，巩固战果的，反倒是一场灾祸，这叫做徒劳无益的“费留”（流）。所以说，贤明的国君要认真考虑这个问题，优良的将领要慎重处理这个问题。不是有利不行动，非有所得不用兵，不是危迫不

开战。国君不可因一时愤怒而发动战争,将帅不可因一时气忿而出阵作战。符合国家利益才发兵,不符合国家利益就息兵。愤怒还可以转而欢喜,气忿还可以转而高兴,国亡了就不能复存,人死了就不能复生。所以,对战争问题,贤明的国君要保持慎重,优良的将领要保持警惕,因为这是安定国家、保全军队的大事情。

用间篇

[解题]

这也是一篇奇文。用间,即使用间谍。今天看来,毫不足怪。但两千年前能提出这个问题,予以系统论述,充分肯定间谍的功用,就未免出奇了。而且,时至今日,本文仍然不失为间谍工作的指南,其价值就可想而知了。用间,是为了取得真实情报,读本文,我们还可理会各种情报工作的意义。

[原文]

孙子曰:凡兴师十万,出征千里,百姓之费,公家之奉,日费千金;内外骚动,怠于道路,不得操事者,七十万家。相守数年,以争一日之胜,而爱爵禄百金,不知敌之情者,不仁之至也,非民之将也,非主之佐也,非胜之主也。

故明君贤将,所以动而胜人,成功出于众者,先知也。先知者,不可取于鬼神,不可象于事,不可验于度,必取于人,知敌之情者也。

[评析]

本段劈头就把用间放到非常重要的位置。内外骚动,即举国骚动,内指政府,外指民众。怠于道路,即疲于转输,向前方运送粮草。操事,即耕稼。七十万家,每家以五口计,共350万人。加上兴师十万,又得50万人。军民总计达400万—500万人,这在古代就是一个大国了。不知敌之情,义为不用间谍获取敌人情报。非民之将,民指士卒,义为军队。不可取于鬼神,义为祈祷。象于事,作事物形式类比。验于度,指星相度数。取于人,指间谍。这里表现出十分精到的唯物主义。

[今译]

孙子说：凡兴兵十万，出征千里，百姓的花费，公室的开支，每天要耗费千金；举国都被牵动，无数人在转输道上疲于奔命，每年不能正常从事耕稼的有七十万家。这样和敌人对峙数年，无非是为了决胜于一旦，如果吝惜爵禄和金钱，不肯重用间谍去探明敌情，那就是不仁到极点了。这种人，不配做军队的统帅，称不上是国君的辅佐，决不会成为胜利的主宰。

那些明君贤将，之所以能举兵就战胜敌人，功业超出众人的原因，就在于事先了解敌情。要事先了解敌情，不可祈求于鬼神，不可拿类似的事情作形式类比进行推测，不能用星相运行度数去验证，必须取之于间谍，从他们那里获取敌情。

[原文]

故用间有五：有乡间、有内间、有反间、有死间、有生间。五间俱起，莫知其道，是为神纪，人君之宝也。

乡间者，因其乡人而用之。内间者，因其官人而用之。反间者，因其敌间而用之。死间者，为诳事于外，令吾间知之，而传于敌间也。生间者，反报也。

[评析]

本段承上文，专言间谍的种类和特点。莫知其道：因间谍都是秘密活动，神出鬼没，微妙无形，故其道奥妙莫测。神纪，神秘不测之理。纪，理也。所以，本文也只谈到各种间谍的功能，而没有谈及间谍工作的规律。

[今译]

国家用于军事方面的间谍共有五种：有乡间，有内间，有反间，有死间，有生间。这五种间谍同时分别使用起来，谁都捉摸不到，无从揣测，莫名其妙，堪称神灵之理。这是君主安国全军、制胜敌人的一大法宝。

所谓乡间，就是利用敌人的乡邻亲朋做间谍。所谓内间，就是利用敌国官吏做间谍。所谓反间，就是利用敌国间谍做间谍。所谓死间，就是制造假情报，让潜入敌营的我方间谍传给敌间，让敌人落入我之圈套，如敌人发现中我之计，我间不免要被处死。所谓生间，就是探明敌情就回来报告的间谍。（这种间谍一般都可生还）

［原文］

故三军之亲，莫亲于间，赏莫厚于间，事莫密于间。非圣不能用间，非仁不能使间，非微妙不能得间之实。微哉微哉，无所不用间也。间事未发，而先闻者，间与所告者皆死。

［评析］

本段承上文，言如何对待并使用间谍。文意明豁，无须赘解。

［今译］

所以在全军之中和主帅关系最亲近的，莫过于间谍，奖赏最优厚的莫过于间谍，事情最秘密的莫过于间谍。因此，不是聪颖睿智的人，不能选用间谍；不是仁厚慷慨的人，不能使用间谍；不是精察细算的人，不能通过间谍得到真实情报。微妙啊，微妙！无时无处不可以使用间谍的。间谍工作尚未进行，先已泄露出去，间谍和听到秘密的人都要处死。

［原文］

凡军之所欲击，城之所欲攻，人之所欲杀，必先知其守将、左右、谒者、门者、舍人之姓名，令吾间必索知之。

必索敌人之间来间我者，因而利之，导而舍之，故反间可得而用也。因是而知之，故乡间、内间可得而使也；因是而知之，故死间为诳事，可使告敌；因是而知之，故生间可使如期。五间之事，主必知之。知之必在于反间。故反间不可不厚也。

［评析］

本段承上文，言间谍要做的工作和五种间谍之关系。人之所欲杀，指敌方首要人物。守将，指主管将领。谒者，通报传达之官。门者，门卫之官。舍人，守舍之官。要之，这些都是敌国君主和主帅周围的人。

［今译］

凡是想要攻打的敌方军队，想要攻占的敌国城邑，想要刺杀的敌人首要，必须预先知道其主管将佐、左右亲信、掌管传达的官员、守门官吏和守舍官吏的姓名，指令我方间谍一定要侦察清楚，获得真实情报。

为此，就必须搜查出前来侦察我军的敌方间谍，从而收买利用他，优礼款待他，好言劝导他，然后放他回去。这样，他就成为反间，为我所用了。通过反间了解敌情，这样乡间、内间就可以为我所用了；通过反间了解敌情，这样就能使死间给敌人传送假情报；通过反间了解敌情，这样就可以使生间取得情报后如期归来。对五种间谍做的事，国君必须掌握情况，全都知道。使用五种间谍索取敌方情报，关键在于反间，所以对反间不可不给予优厚的待遇。

［原文］

昔殷之兴也，伊挚在夏；周之兴也，吕牙在殷。故惟明君贤将，能以上智为间者，必成大功。此兵之要，三军之所恃而动也。

［评析］

本段收尾，与篇首相呼应，仍强调用间的重要意义。夏、商、周，是我国古代的三个朝代，简称三代。商朝后期迁都于殷，故有称之为殷或殷商者，此处以作商为好。伊挚，应为伊尹。据说，他是夏桀夫人的陪嫁奴隶，因夏桀与其夫人有矛盾，他和夏桀夫人相串通，共同反对夏王桀，向商朝开国君主成汤提供情报。这样，他就成了商汤的间谍。商汤灭夏后，他位居显要，曾左右朝政。伊挚是伊尹的儿子，他与兄弟伊奋同继父业，辅佐商朝。故在夏为间者，不应是伊挚，而是其父伊尹。吕牙，即吕望。这是一位传奇式人物。他是周武王的岳父，曾统帅军队佐武王伐纣，因此被尊为师尚父。他本姓姜，古代男子称氏不称姓，因初封于吕，故称吕望。子牙，其字也，故称吕牙不甚准确。后来他改封于齐，号齐太公，因田氏代齐后，初君田和亦号齐太公，故称他为姜太公以示区别，或称姜子牙，有时亦称姜尚。传世《太公兵法》即托其名而作。至于他是否在商朝为间，查无实据，只可以传奇视之。

［今译］

从前商朝的兴起，是因为伊尹曾经在夏为间，了解夏朝内情；周朝的兴起，在于姜子牙曾经在商为间，了解商朝内情。所以，明智的国君和贤能的将帅，能用智略无双的人做间谍，必定能成就大功业。这是用兵成败的关键（知彼），整个军队都要靠它提供的敌情来决定应采取的军事行动。

附录一

银雀山汉墓竹简 《孙子兵法》释文

——摘自文物出版社1976年版银雀山汉墓竹简《孙子兵法》

此根据1972年山东临沂银雀山汉墓出土的《孙子》残简整理而成，分上下两编。上编为《孙子》十三篇，下编为《孙子》佚文。释文中篇题，未加[ ]号的，为原有篇题；加[ ]号的，为原书编者补加。释文中的□号，表示残简中无法辨识的字；□号外加[ ]号的，表示竹简残断而缺去的字；……号表示由于竹简残断缺五字以上或缺整简。根据上下文补出的缺字也用[ ]号表示。假借字和古本字的注释用( )号。

上编·[计]

[□□]曰：兵者，国之大事也。死生之地，存亡之道，不可不察也。故轻(经)之以五，效之以计，以索其请(情)。一曰道，二曰天，三曰地，四曰将，五曰法。道者，令民与上同意者也，故可与之死，可与之生，民弗诡也。天者，阴阳、寒暑、时制也，顺逆、兵胜也。地者，高下、广陕(狭)、远近、险易、死生也。将者，知(智)□……曲制、官道、主用也。凡此五者……孰能？天地孰得？法[□□□□□]孰强？士卒孰练？赏罚孰明？吾以此知胜……用而视(示)之不用，近而视(示)之远，[远]而视(示)之近。利而诱之，乱而取之，□[□□□□□]□之，怒而譊(挠)之，攻其……少□□□无筭……

作战

孙子曰：凡用兵之法，驰□千驷……里而馈馕(粮)，则外内……车甲之奉，曰□□□内□……用战，胜久则顿（钝）……起，虽知（智）者，不能善其后矣。故……未有也。故不尽于知用兵……馒（粮）于敌[□□]食可足也。国之贫于师者，远者远输则百姓贫；近市者贵□□□□则□及丘役。屈力中原，内虚于家。百[□□]费，十去其六……石。故杀适（敌）□……车战……卒共而养之，是胃（谓）胜敌而益强。故……

[谋攻]

……其下攻城，[攻]城之法，修橹……□□三月而止□距闉有（又）三月然……戈（灾）也。故善用兵者，诎（屈）人之兵而非战[□□□□□]而非攻也，破人之国而非……天下，故……战之……所以患军……瀣（既）疑，诸侯之……知可而战与不可而战，胜。知众……以虞待不……故兵知皮（彼）知己，百战不……

刑（形）·（甲）

孙子曰：昔善……适（敌）之可胜。不可胜在己，可胜在适（敌）。故善者……□使适（敌）可胜。故曰：胜可智（知）[□]不可为也。不可胜，守；可胜，攻也。守则有余，攻则不足。昔善守者，臧（藏）九地之下，动九……众人之所知，非善……曰善，非□□也。举[□□□□□]力，视日月不为明目，闻雷霆不为葱（聪）耳。所胃（谓）善者，胜易胜者也。故善者之战，无奇[□]，无智名，无勇功，故其胜不贷（忒）。不[贷（忒）]者，……□□胜□后战，败[□□□]而后求胜。故善者修道□□法，故能为胜败正。法：一曰度，二曰量，三曰数，四曰称，五曰胜。地……胜。胜兵如以洫（镒）称朱（铢），败兵如以朱（铢）称洫（镒）。称胜者战民也，如决积水于千邪（仞）……

（乙）

……□适（敌）之可胜。不可胜在己，可胜在适（敌）。故善者能为不可胜……也。守则有余，攻则不足。昔善守者，臧（藏）九地之下，动九天之上，故……智（知），非善者也。战胜而天下曰善……易胜者也。故善［□□□□］奇胜，无智名，无［□］功，故其胜不贷（忒）。不贷（忒）者，其所错［□］胜败者也。善……败正。法：一曰度，二曰量，三曰数，四……生胜。胜兵如以洫（镒）称朱（铢），败兵如以朱（铢）称洫（镒）。称［□］者战民也，如决积。［□□□］邪（仞）之埱，刑（形）也。

埶（势）

治众如治寡，分数是。斗众……可使毕受适（敌）而无败，□正□［□□□□］如以段（碫）……穷如天地，无谒（竭）如河海。冬（终）而复始，日月是……变不……之变，不可胜穷也。奇正环相生，如环之毋（无）端，孰能穷之？水之疾，至……可败，乱生于治，胁（怯）生于恿（勇），弱生于强。治乱，数也；恿（勇）胁（怯），埶（势）也；强［□□］也。善动适（敌）者，刑（形）之，适（敌）必从之；［□□□□］取之。以此动之，以卒侍（待）之。故善战者，求之于埶（势），费责于……木石。木石之生（性），安则静，危则动，方则……

实虚

先处战地而侍（待）战者失（佚），后处战地而趋战者劳。故善战者，致人而不［□□］人。能使适（敌）［□］至者，利之也。能使适（敌）……能劳之，饱能饥之者，出于其所必［□□］。□行千里而不畏，行无人之地也。攻而必［□□□］所不守也。守而必固，守其所□［□□□□□］者，适（敌）不知所守;善守者,适(敌)不知□□……故能为适(敌)司命。进不可迎者,冲[□□□□□]可止者,远……适(敌)不得与我战者,胶其所之也。故善将者刑(形)人而无刑(形)[□□]槫而适(敌)分。我槫而为壹,适(敌)分而为十,是以十击壹也。我寡而适(敌)众,能以寡击□……地不可知,则适(敌)之所备者多。所备者多,则所战者寡矣。备……者右寡,无不备者无不寡。寡[□□□□□]众者,使人备己者也。知战之日,知战之地,千里而战。不[□□□]日,不知战之地,前不能救后,后不能救前,左不能救[□□]不能救左,皇(况)远者数十里,近者数里□……□□胜戋(哉)? 故曰:胜可擅也。适(敌),唯(虽)众,可毋斲(斗)也。故绩之而知动□……死生之地,计之[□□]得失之□,□之[□□]余不足之□。刑(形)兵之极,至于无刑(形),[无刑(形)],则深间弗能规(窥)也,知(智)者弗能谋也。因刑(形)而错胜□……制刑(形)。所以胜者不……兵刑(形)象水,水行辟(避)高而走下,兵胜辟(避)实击虚。故水因地而制行,兵因敌而制胜。兵无成埶(势),无恒刑(形),能与敌化之胃(谓)神。五行无恒胜,四时[□]常立(位),日有短长,月有死生。神要……

军[争]

……以□为直,以患……而诱之[□□]后人发,先人至者,知汙(迂)直之计者也。军争为利,军争[□]危。举军而争利则□不及,委军而[□]利则辎重捐。是故絭(卷)甲……□十一以至;五十里而争利,则厥(蹶)上将,法以半至;……军毋(无)辎重[□□]粮食则亡,无委责(积)则亡。是故不知诸侯之诸者,不……能行军;不□乡(向)道(导)……分利,县(悬)权而动。先知汙(迂)直之道者[□]军争之法也。是故军……鼓金。视不相见，故为旌旗。是故昼战多旌旗，夜战多鼓金。「鼓金）旌旗者，所以壹民之耳目也。民灋（既）已槫（专）……将军可夺心□。……用兵者，辟（避）其兑（锐）气……劳，以饱侍（待）饥，此治力者也。毋要㵕㵕之旗，毋击堂堂之陈（阵），此治变者……倍（背）丘勿迎，详（佯）北勿从，围师遗阙，归师勿谒（遏），此用众之法也。　　四百六十五

［九变］

……地则战，……攻，地有所不争，□……能得地……利，故务可信；杂于害，故忧患可……将有五［□□□□］杀。必生，……洁廉，可辱。爱民，可……危，不可不察也。

行［军］

……处高，战降毋登，……此处水上之军……交军沂泽之中，依……死后生，此处□……凡四军之利，黄帝之……无百疾，陵丘限□处其阳，而右倍（背）之。此兵之利，地之助也。上雨水，水流至，止涉侍（待）其定［□□□］天井、天窖、天离、天翘、天郄，必亟去之，勿［□□□］远之，敌近之。吾……□苐（苇）、小林、翳浍（荟）、可伏匿者，谨复索之，奸之所处也。敌近而□者，恃其险也。敌远□……进者，其所居者易……军者也。□庳（卑）而备益者，进也。辞强而［□］敺（驱）者，退也。轻车先出居厕（侧）者［□□□□□］请和者，谋也。奔走陈兵者，期也。半进者，诱也。杖而立者，饥也。汲役先歓（饮）……而不进者，劳拳（倦）也。鸟□者，虚也。夜噂者，恐也。军獿（扰）者，将不重也。……𠧪（甀）者不反（返）其舍者，穷寇也。□□閒閒□言人者，失其众者也。数赏者，窘也。数罚者……相去也，必谨察此。兵非多益，毋……而罚之，则不服，

不服则难用也。卒已榑亲而罚不行,则不用。故合之以交,济之以……行,以教其民者,民服。素……

[地]形

(《孙子》篇题木牍上有《□形》一题,位置在《九地》之前,应即本篇篇题,但未发现此篇简文。)

九地

……轻地,有争地,有交地,有瞿(衢)地,有重地,有泛地,□围地,有死地。诸侯战……而得天□之众者,为瞿(衢)。入人之地深,倍(背)城邑多者,为重。行山林、沮泽,凡难行之道者,为□……□寡可[□□]吾众者,为围。疾则存,不疾则亡者,为死。是故散[□□□□]轻地则毋止,争……则行,围地则谋,死地则战。所胃(谓)古善战者,能使适(敌)人前后不相及也。……适(敌)众以正(整)将来,侍(待),之……听[□□]之请(情)主数(速)也,乘人之不给也……食;谨养而勿劳,并……谋,为不可贼(测)。投之毋(无)所往,死且不北,死焉……无所往则……所往则斗。是故不调而戒,不……非恶货也;无余死,非恶寿也。令发[□□]士坐者涕□□,卧[□□□□]投之无所往者,诸、岁之勇也。故善用军者,辟(譬)如卫然,卫然者,恒山之……击其尾则首至,击其中身则首尾俱至。敢问□可使若卫然虖(乎)? 曰:可。越人与吴人相恶也,当其同周(舟)而济也,相救若□……齐勇若一……□已也。将军之事……之耳目,使无之。易其事[□□□]使民无识。易其□,于(迂)其□,使民不得……入诸侯之地,发其几(机),若敺(驱)群……变,诎(屈)信(伸)之利,人请(情)之理,不可不察也。凡为[□□□]榑,浅则散。□国越竟

(境)而师者,绝地也。四达(彻)者,矍(衢)地也。……者,轻地也。倍(背)固前□[□□□□]倍(背)固前适(敌)者,死地也。毋(无)所往者,穷地也。[□□□]散地,吾将壹其志;轻地,吾将使之偻;争地,吾将使不留;交地也,吾将固其结;矍(衢)地也,吾将谨其恃;[□]地也,吾将趣其后;泛地也,吾将进其□;围地也,吾将塞……□侯之请(情):遝则御,不得已则斗,过则从。……利。四、五者,一不智(知),非王霸之兵也。彼王霸之兵,伐大国则其众不……则其交不□合。是故不……可拔也,城可隋(隳)也。无法之赏,无正之令,犯三……以害,勿告以利。芋之亡地然而后存,陷……于害,然后能为败为……□□将,此胃(谓)巧事。是故正(政)与(举)□……其使,厉于郎(廊)上,以诛其事。适(敌)人开阖,必亟入之。先其所爱,徵(微)与……决战事。是故始如处……

火攻

孙子曰:凡攻火有五:一曰火人,二曰火渍(积),三曰火辎,四曰火库,五曰火[□□]火有因,因必素具。发火有时,起火有日。时者,天……四者,风之起日也。火发□……火发其兵静而勿攻,极其火央,可从而从[□□□□□]止之。火可发于外,毋寺(待)于内,以时发之。火□上风,毋攻……数守之。故以火佐攻者明,以水佐攻者强。水可……得,不隋其功者,凶,命之曰费留。故曰:明主虑之,良将随之。非利[□□□□]不用,非危不战。主不可以怒兴军,将不可以温(愠)战。合乎利而用,不合而止。怒可复喜也,温(愠)可复……

用间

孙子曰:凡……里,百生(姓)之费,□……知适(敌)之请

(情)者,不仁之至也,非民之将也,非主[□□□□□]之注(主)也。故……不可验于度,必取于人知者。故用间……反间,有死间,有生间……神纪,人君之葆(宝)也。生间者,反报……乡人而用者也。内间者,因……三军之亲,莫亲于间,赏莫厚于间,事……非仁不能使……之葆。密戋(哉)密戋,毋(无)所不用间[□□]事未发,闻间□……用也。因是而知之,故乡间,内间可得而使也。……五间之事,必知之,……可不厚也。□……在夏。周之兴也,吕牙在□[□□□□]□衛师比在陉。燕之兴也,苏秦在齐。唯明主贤……

下编·吴问

吴王问孙子曰:“六将军分守晋国之地,孰先亡?孰固成?”孙子曰:“范、中行是(氏)先亡。”“孰为之次?”“智是(氏)为次。”“孰为之次?”“韩、巍(魏)为次。赵毋失其故法,晋国归焉。”吴王曰:“其说可得闻乎?”孙子曰:“可。范、中行是(氏)制田,以八十步为婉(畹),以百六十步为畛(亩),而伍税之。其□田陕(狭),置士多,伍税之,公家富。公家富,置士多。主乔(骄)臣奢,冀功数战,故曰先[亡]。……公家富,置士多,主乔(骄)臣奢,冀功数战,故为范、中行是(氏)次。韩、巍(魏)制田,以百步为婉(畹),以二百步为畛(亩),而伍税[之]。其□田陕(狭),其置士多。伍税之,公家富。公家富,置士多,主乔(骄)臣奢,冀功数战,故为智是(氏)次。赵是(氏)制田,以百廿步为婉(畹),以二百卌步为畛(亩)。公无税焉。公家贫,其置士少,主佥臣收,以御富民,故曰固国。晋国归焉。”吴王曰:“善。王者之道,□□厚爱其民者也。”

二百八十四

［四变］

……［徐（途）有所不由，军有所不击］，城有所不攻，地有所不争，君令有［所不行］。

徐（途）之所不由者，曰：浅入则前事不信，深入则后利椄（接）。动则不利，立则囚。如此者，弗由也。

军之所不㱙（击）者，曰：两军交和而舍，计吾力足以破其军，獾其将。远计之，有奇埶（势）巧权于它，而军……□将。如此者；军唯（虽）可㱙（击），弗㱙（击）也。

城之所不攻者，曰：计吾力足以拔之，拔之而不及利于前，得之而后弗能守。若力［□］之，城必不取。及于前，利得而城自降，利不得而不为害于后。若此者，城唯［虽］可攻，弗攻也。

地之所不争者，曰：山谷水□无能生者，□□□而□□……虚。如此者，弗争也。

君令有所不行者，君令有反此四变者，则弗行也。……行也。事……变者，则智（知）用兵矣。

黄帝伐赤帝

孙子曰：［黄帝南伐赤帝，至于□□］，战于反山之原，右阴，顺术，倍（背）冲，大威（灭）有之。［□年］休民，□穀，赦罪。东伐□帝，至于襄平，战于平□，［右阴］，顺术，倍（背）冲，大威（灭）［有之。□］年休民，□穀，赦罪。北伐黑帝，至于武隧，（战于□□，右阴，顺术，倍冲，大威有之。□年休民，□穀，赦罪）。西伐白帝，至于武刚，战于［□□，右阴，顺术，倍冲，大威有］之。已胜四帝，大有天下，暴者……以利天下，天下四面归之。汤之伐桀也，［至于□□］，战于薄田，右阴，顺术，倍（背）冲，大威（灭）有之。武王之伐［纣］，至于䔲遂，战牧之野，右阴，顺术，[倍冲，大威]有之。一帝二王皆得天之道、□之□、民之请（情），故……

[地]刑（形）二

[□]地刑（形）东方为左，西方为[右]……

……首，地平用左，军……

……地也。交□水□……

……者，死地也。产草者□……

……地刚者，毋□□□也□……

……[天]离、天井、天宛□……

……是胃（谓）重利。前之，是胃（谓）猷守。右之，是胃（谓）天固。左之，是胃（谓）……

……所居高曰建堂，□曰□[□]□遂左水曰利，右水曰积……

……□五月度□地，七月□……

……三军出陈（阵），不问朝夕，右负丘陵，左前水泽，顺者……

……九地之法，人请（情）之里（理），不可不□……

[见吴王]

……□于孙子之馆，曰："不穀好……兵者与（欤）?"孙……乎？不穀之好兵□□□□之□□□也，适之好之也。"孙子曰："兵利也，非好也。兵，□[也]，非戏也。君王以好与戏问之，外臣不敢对。"盖（阖）庐曰："不穀未闻道也，不敢趣之利与……□"孙子曰："唯君王之所欲，以贵者可也，贱者可也，妇人可也。试男于右，试女于左，□□□□"……曰："不穀颠（愿）以妇人。"孙子曰："妇人多所不忍，臣请代……畏，有何悔乎?”孙子曰:“然则请得宫□□……之国左后玺圄之中,以为二陈(阵)□□……”□曰:“陈(阵)未成,不足见也。及已成……□也。君王居台上而侍(待)之,臣……□至日中请令……陈(阵)已成矣,□□听……□□不□不难。”君曰:“若(诺)。”孙子以其御为……参乘为舆司空,告其御、参乘曰:“□□……□”妇人而告之曰:“知女(汝)右手?”……之。“知女(汝)心?”曰:“知之。”“知女(汝)北(背)?”曰:“知之。”……左手。胃(谓)女(汝)前,从女(汝)心。胃(谓)女(汝)……人生也,若夫发令而从,不听者诛□□……□不从令者也。七周而泽(释)之,鼓而前之……[三告而]五申之,鼓而前之,妇人乱而[□□□]金而坐之,有(又)三告而五申之,鼓而前之,妇人乱而笑。三告而五申者三矣,而令猷(犹)不行。孙子乃召其司马与舆司空而告之曰:“兵法曰:弗令弗闻,君将之罪也;已令已申,卒长之罪也。兵法曰:赏善始贱,罚……□请谢之。”孙子曰:“君□……引而员(圆)之,员(圆)中规;引而方之,方中巨(矩)。……”盖(阖)庐六日不自□□□□□……□□□□孙子再拜而起曰:“道得矣。……□□□长远近习此教也,以为恒命。此素教也,将之道也。民……□莫贵于威。威行于众,严行于吏,三军信其将畏(威)者,乘其适(敌)。”

千□十五

* * * * * *

……而用之,□□□得矣。若□十三扁(篇)所……

……[十]三扁(篇)所明道言功也,诚将闻□……

……□而试之□得□……

……[孙]子曰:“古(姑)试之,得而用之,无不□……

……□□□之孙子曰:“外内贵贱得矣。”孙……

……□不穀请学之。”为终食而□……

……将军□不穀不敢不□……

……□也。请合之于□□□之于……

……者□□也。孙子……

……孙子曰：□……

……孙子……

附录二

孙武子评传

孙武子是我国历史上的知名人物，也是当今世界上知名的历史人物，但他也是一位神秘人物。他的知名，是由于其所著《孙子兵法》为千古传诵和应用。说他神秘，在于他的身世和生平难以考实，以致后人有疑其为子虚乌有，并与孙膑合为一人者。这也许是中国古代兵法家的特点，例如《齐太公兵法》和《六韬》为何人所作，鬼谷子和黄石公何许人也，就都是难得其实的。孙武子的身世和生平虽有一些蛛丝马迹可寻，但也有不少迷雾，至今尚有待于澄清。这里就从孙武子的身世入手，追寻这位千古兵圣的千古业绩。

一、孙武子的家世

孙武子的家世，史籍缺载。司马迁在《史记・孙子吴起列传》中只是说："孙子武者，齐人也。"看来这位博学多闻的太史公对孙武子的家世已不清楚。班固《汉书・艺文志》在"兵权谋十三家"中，著录了"《吴孙子兵法》八十二篇，图九卷"。所说吴孙子，即孙武子。这里已把他说成吴人了。《吴越春秋・阖闾内传》从此说："孙子者，名武，吴人也，善为兵法，辟隐深居，世人莫知其能。"可见，汉代对孙武子的国籍已有二说：一说他是齐人，一说他是吴人，但都未详其家世。

到了宋代，欧阳修在其所撰《新唐书・宰相世系表》中，突然对这个问题作了明确的交代。其叙孙武子家世曰：

孙氏"又有出自妫姓。齐田完，字敬仲，四世孙桓子无宇。无宇二子：恒、书。书，字子占，齐大夫，伐莒有功，景公赐姓孙氏,食采乐安。生凭,字起宗,齐卿。生武,字长卿,以田、鲍四族谋为乱,奔吴,为将军。”

这段材料被一些人视为至宝,以为孙武子的家世据此可以定谳。但稍加推敲,即可知这段材料是大有问题的。田桓子无宇与田恒为祖孙,与田书为父子,是田书与田恒为叔侄,怎能说他们是兄弟,同为无宇之子呢?稍后,邓名世大概觉察到了这个谬误,在其所著《古今姓氏书辩证》中,干脆不提田恒,只把田书说成无宇之子。但问题并未因此而解决。且不说这里把田书附会成早于他数十年的孙书,即以田书本人而论,他的孙子也是不可能奔吴为将军的。查田书死于吴、齐艾陵之战,其事见《左传》哀公十一年,即公元前 484 年。其文曰:

“公会吴子伐齐,五月,克博;壬申,至于嬴。中军从王,胥门巢将上军,王子姑曹将下军,展如将右军。齐国书将中军,高无丕将上军,宗楼将下军。陈僖子谓其弟书:‘尔死,我必得志。’……甲戌,战于艾陵。展如败高子,国子败胥门巢,王卒助之,大败齐师,获国书、公孙夏、闾丘明、陈书、东郭书,革车八百乘,甲首三千,以献于公。”

这里的陈书即田书。陈与田,音同义通。陈僖子即田厘子乞,继桓子无宇为齐卿士。吴子指吴王夫差,其父即吴王阖闾。后面我们将会看到,孙武子是在吴王阖闾时用事的,如果他是田书之孙,他能先于田书跑到吴国去吗?

再说,鲁哀公二十二年,即公元前 473 年,越王勾践攻灭了吴国。田书之死距此恰为十年。按古人的说法,一世为三十年。田书之子应在前 450 年左右,其孙应在前 420 年左右。此时吴国灭亡已五十年,他怎么可能奔吴为将军呢?

可见,孙武子绝非田书之孙,而是另有其人。其人为谁?

我认为就是《史记·田敬仲完世家》中的武子开。他姓田，名开，字开疆，号武子。这里先据《世家》列表于下：

田敬仲完——穉孟夷——庄孟滑——文子须无——桓子无宇——武子开

厘子乞——成子常——襄子盘——庄子白——太公和（下略）

这里的武子开只此一见，其事迹不详。在《晏子春秋》中提到过一位田开疆，他勇力过人，善于用兵，自称"吾仗兵而却三军者再"，功勋卓著。但他和另外两位壮士公孙接和古冶子被晏婴设计用两个桃子除掉了，由此留下了二桃杀三士的故事。我认为，这位田开疆就是武子开，那时名开字开疆或名启字启疆，是常见的事。《晏子春秋》是一本小说故事，可能由于武子开的下落不明，后人才编出这个故事来的。

这样判断是有道理的。首先，按田氏参与齐国内乱的年代来说，第一次是在齐景公初年，即鲁襄公二十二年，公元前545年。当时齐国贵族庆封专政，引起大族栾、高氏的不满，他们就寻找机会消灭庆氏。此事被田文子察觉，他就和儿子无宇商议，如何参与其事。这年十月，无宇随庆封到莱邑田猎，文子以其母病为由把他召了回来。无宇渡过淄水后破坏了河桥，断绝了庆封的归路。栾、高在这时消灭了庆氏之族党，田文子把齐景公用车载入内宫。待庆封反攻回来时，已经无能为力了。

这次内乱和武子开没有多大关系，因为参加者是其祖田文子和其父桓子无宇。第二次是田氏联合鲍氏攻垮栾、高氏的斗争。时在鲁昭公十年，公元前532年。田桓子联合鲍氏用计攻栾、高氏，事后由田、鲍"分其室"，将栾、高氏的家产瓜分了。不过，田桓子更聪明一些，他听从晏婴的建议，把分得的财产全部交给了齐景公，再由景公分配给受栾、高氏打击的诸公子公孙，而自己则“请老于莒”。作为酬劳，“景公予桓子莒之旁邑。辞。穆孟姬为之请高棠，陈氏始大”。这样，田桓子就取得了最大的实惠。

这次斗争的主角是田桓子无宇，田武子开应是参预其事的，正像上次斗争中无宇参与其父田文子的筹画一样。而且，这时田文子已死，由田桓子主其事，事后桓子“请老于莒”，说明他也到老年了。估计数年之后，田桓子无宇死，由武子开继位。武子是他作为齐国卿士的称号，正像文子、桓子一样。如果他没有继其父为卿士，他是不会有此称号的。但到下一次斗争时，这位武子开却不见了，主事者是其弟田厘子乞。他到哪里去了呢？如果他死了，应由其子继位，而不应由其弟继位；所以我认为，他是带着妻子儿女跑到吴国去了。这个问题容后再谈，先谈齐国田氏参加的第三次斗争。

如上所说，这次斗争的主角是田厘子乞，时在鲁哀公六年，公元前489年。先是齐景公太子早死，他临终前以其爱妾之子荼为太子，高昭子、国惠子为傅。景公死后，国、高共立孺子荼为君而相之。田乞对此不满而又不便明言，于是用阴阳两面的手法挑拨国、高氏与诸大夫的关系。他一面对国、高说：诸大夫怕受你们的迫害，很可能造反，要多加防范，另一方面又对诸大夫说，国、高要翦除你们，你们何不抢先下手？结果，田乞与鲍牧和诸大夫发兵攻灭了国、高氏，杀孺子荼。事后，田乞迎立景公他子阳生为悼公，由他和鲍牧相之。

这件事说明，田乞对国、高氏怀恨在心，必欲除之而后已。究其原因，一方面是由于国、高氏是田氏的最大威胁，另一方面和武子开的出走不无关系。这个问题，如和司马穰苴之死联系起来，就十分清楚了。

司马穰苴，即田穰苴，与武子开同属田氏宗族，二人很可能是叔侄辈分。他精通兵法，文能附众，武能威敌。大约在齐景公二十年，即公元前 528 年，田桓子老退后的第五年，齐国遭到了晋、燕两国的夹攻，形势危急。景公听从晏婴的举荐，起用田穰苴为将军，统领三军抵御晋、燕的攻势。穰苴提出：他素来卑微，骤然当上大将，怕士卒不服，百姓不信，希望能派一位宠信大臣做监军。景公从其请，以亲信大臣庄贾为监军。穰苴与庄贾相约，次日中午相会于军门。次日午前，穰苴到军门等候庄贾，可是庄贾恃宠违约，在与亲朋宴聚后，迟至日暮方到。穰苴按军法命斩庄贾，庄贾的随从立马去报告景公，景公派使者赶来相救。穰苴又按军法斩了使者的仆从，杀掉其左骖。由此，穰苴威令军中，三军无不用令。他又能体恤士卒，与士卒同苦乐，因此军威大振。出师之后，晋、燕退去，齐国收复了失地。穰苴因此被齐景公"尊为大司马"，职掌齐国军政。但此举却受到了国、高、鲍氏的疑忌。据《史记·司马穰苴列传》称："大夫鲍氏、国、高之属害之，谮于景公。景公退穰苴，苴发疾而死。"此事大约发生在齐景公三十年，即公元前 518 年左右。这就和武子开挂上钩了。

穰苴为田氏支庶，武子开是田氏嫡系。在这次军事行动中，武子开应是参与的。《晏子春秋》中田开疆所说"吾仗兵而却三军者再"，我认为即一却晋军，再却燕军。穰苴受谗而死，武子开自所不免。因为，在齐国内争中，武子开这一支是田氏的主要代表。谗害穰苴，自然是为了打击以武子开为代表的田氏势力。武子开很可能是在这时让位于其弟厘子乞，跑到吴国去的。到吴国后，他像伍子胥在艾陵之战前夕送其子于齐并改姓王孙氏那样，改姓孙名武，把他的真实姓名田武子开隐埋起来了。

这位隐姓埋名的孙武本想在吴国过隐居生活，所以说他"辟隐深居，世人莫知其能"。不料，这期间从楚国来了一位伍子胥,同他交上了朋友。伍子胥向吴王阖闾推荐孙武子,他只得再次登场表演了。

无巧不成书。查伍子胥是由于其父兄被谗害而死,于公元前522年从楚国辗转逃到吴国,想借重吴国的力量为其父兄报仇的。他到吴国后,投在公子光的门下做宾客。当时的吴国君主是吴王僚,他曾劝吴王僚伐楚,被公子光所阻止。公元前515年,公子光派专诸刺杀吴王僚而自立,即吴王阖闾。如孙武子于前518年奔吴,到这时已经三年了。据《史记》和《吴越春秋》的一致记载,伍子胥向吴王阖闾推荐孙武子,是在其即位之第三年,即公元前512年。这样,许多问题就都对上号了。孙武子出走后,消灭国、高氏的任务,是由其弟厘子乞完成的。至于田书,他只能是武子开的小弟,后来落籍于乐安的是田书这一支;专有齐国的是田乞这一支;田开这一支则一分为二:一支留在南方,可谓南方孙氏;另一支又回到北方,即太史公所说“膑亦孙武之后世子孙也”。

说到这里,我们就可以对孙武子的家世得出比较可信的结论了。他是齐田敬仲完的五世孙,本姓田,名开,字开疆。后因出走吴国,乃改姓孙,名武,仍号武子。他就是《孙子兵法》的作者。汉乐安孙氏名武字长卿者,只是他的侄孙子。以孙为祖,是错误的。我们最好还是称他为孙武子,以免其侄孙子冒名顶替,以假乱真。

齐国田氏来自陈国。陈厉公(公元前706—前700年)得一子,取名曰完。适逢周太史路过陈国,陈厉公就请他为其子占卜,卜得人君之兆。周太史就说,这位公子一定会当人君,不是在陈国,就是在其他国家;不是他本人,就是他的子孙。此后,陈国连年内乱,公子完恐祸及己,于是从陈国逃往齐国。

这时君临齐国的正是一代霸主齐桓公。桓公与公子完宾主相见,十分融洽,就任命田完为卿士。公子完辞不敢受。桓公于是任命他为工正,他接受了。从此他当上了齐国的工正,用现在的话说,就是工商部长了。近年来在莱芜发现了齐国田氏墓葬区,说明齐国田氏确实当过工正。莱芜既有铁矿资源,又有森林资源,而盐铁林木正是由工正主管的。

在桓公宴请公子完的时候,齐懿仲也参加了。他将自己的女儿许嫁给公子完,并进行了占卜。所得卜辞是:“凤凰于飞,和鸣将将。有妫之后,将育于姜。五世其昌,并于正卿。八世之后,莫之与京。”这样,陈公子完就在齐国落户生根了。

齐国田氏从田完起,三代为工正,到第四代田文子须无时列为卿士,开始参与齐国内争。第五代桓子无宇发动了攻击栾、高氏的斗争,陈氏始大。第六代武子开因受国、高氏的排挤而出走吴国,其弟厘子乞消除了国、高氏的势力,由此列为正卿,执掌国政。第七代田成子常尽除鲍、晏、阚氏等齐国公族势力,把齐国政权完全控制在自己手里。第八代田襄子盘分割齐国,据有大部分土地。经第九代田庄子白到第十代太公和,终于列为诸侯,取代了齐国姜氏政权。此后就进入战国时期了。

田武子开的生卒年不详。过去多以为他与孔子同时而略晚。据我考察,他当生于齐国灭莱之役前后,大约在公元前567年左右。他被迫奔吴的时间如以公元前518年计算,这时他已接近五十岁了。他的卒年可能在吴、楚之战以后,如以吴王阖闾的卒年为准,大约在公元前496年左右或略晚一些,享年七十余岁。据此可以说,他大约与孔子同时而略早,比较接近老子的年龄。这就难怪《孙子兵法》与《道德经》有相通之处了。

二、孙武子的业绩

孙武子生当春秋时代末期,即鲁襄、昭、定、哀之间。这个时期的主要特点是:大国争霸已近尾声,各国内部特别是一些大国中的内部斗争开始突出起来,就连各国间的交往,也是以卿大夫为主角的。例如,鲁国三桓一再瓜分公室,并逼走了鲁昭公。晋国是六卿强,公室卑。伍子胥因楚国内争而奔吴,宋之华登亦然。齐国内部当然也不例外。这种纷争的社会内涵较之各国争霸更为深刻,它预示着一个旧时代的即将结束和一个新时代的行将到来。孙武子就是作为新时代的一个先行者走上历史舞台的。

孙武子的一生大致可分为两个时期,他的前半生是在齐国内争中度过的,后半生是在吴、楚之争中度过的。要了解他的前半生,必须研究齐国的内争。

齐国和许多诸侯国一样,是由齐君和公族为主体构成的。国君亦称公室,而公族则是其同姓宗族。在齐国的公族中,有国氏、高氏、栾氏、崔氏、庆氏、鲍氏、晏氏、阚氏,等等。他们各有自己的宗室和宗族,形成一股股政治和军事势力。其中,国氏与高氏是随齐太公一起到齐国的,故称“天子之二守”。田氏是外来户,虽然后来也形成了宗族,但不在齐国公族之列。齐国的内争虽然也涉及公室,但主要是各宗族之争,而田氏要取得齐之公室,就必须逐一翦除齐之公族。

在齐国公族中,最早被消灭的是崔氏,这是由庆氏干的。其次被消灭的是庆氏,这是由栾氏和高氏干的,田氏只不过是利用这次斗争提高自己的地位而已。再次被消灭的是栾氏,高氏也受了重创,这虽然是由田氏联合鲍氏和诸大夫干的,但事后田桓子还是把胜利果实全部交了出来。田氏没有因此而成为执政,即所谓正卿,反而从政治前台退了下来。退下来是明智的,否则继崔氏、庆氏、栾氏之后,下一个受攻击的目标可能就是田氏了。在齐国内争中有一条规律:谁执政谁就要倒霉。这是田氏必须考虑的,何况田氏还是一个外来户呢?

田桓子老退后，武子开继位。在齐国执政的是国氏和高氏。这是两个老牌宗族，在齐国建立时就有他们了，所以被称为周“天子之二守”。比起他们，田氏只能算作“陪臣”了。他们在齐国根深蒂固，族大势众，远非田氏所能比。田氏要消灭他们，也只能以退为进，等待时机。不料，田穰苴因功而被“尊为大司马”，又把田氏推到了政治前台。穰苴虽系田氏远支，但在当时人看来，他属于田氏之族党，是毫无疑问的。而且，如前所说，武子开是参与了田穰苴的军事行动的，穰苴尊贵，必然把田氏也托上来。所以，鲍、国、高氏的目标从表面上看是田穰苴，实际上是指向整个田氏的。在这种情况下，武子开只能有两种选择：一是率田氏族党与国、高氏决一死战，但这样就有断送田氏族党的危险；一是高走远遁，销声匿迹，保存田氏实力，徐作后图。他所走的正是后一条去路。我认为，他让位于其弟田乞而出走，是有预谋的。这也可称为庙算，庙算不胜，就由他的兄弟去增加筹码了。原来我认为，他只是因为自己年纪大了而让位的，这无疑是事实，田乞就是在他死后才得志于齐的。现在看来，仅仅这样说还不够，孙武子的出走是有深谋远虑在其中的。

田乞果然不负所望。他利用当时齐景公及其宠信聚敛无度，淫乐奢侈，滥施刑罚，民怨沸腾的情势，用大斗贷出和小斗收进的办法施惠于民，同时用他世代掌握工正的权力，以平价销售山林海产。这样就收到“公弃其民而归于陈氏”的效果，执政国、高氏无可如何。为了积累政治资本，他甚至不惜让其弟田书丧命沙场，说“尔死，我必得志”。结果，在齐景公死后，他利用废立之机，联合鲍氏一举消灭了国、高氏，并按自己的意愿迎立公子阳生为悼公。鲍氏感到不满，但为时已晚，田常终于弑简公而立平公，并把鲍氏、晏氏、阚氏等一网打尽。这样，田氏代齐只是一个时间问题了。

由此可见,在齐国内争特别是田氏代齐的过程中,孙武子是个关键人物。他的销声远走,不过是一种政治战略。其目的在全部消灭齐之公族,由田氏享有齐国。事实证明,孙武子在齐国内争中的战略是成功的。

由于孙武子是出于上述政治原因逃往吴国的,所以他到吴国后“辟隐深居,世人莫知其能”。就连他来自齐国田氏,也是人们所不知道的。伍子胥同他结识,最多也不过知道他来自齐国,姓孙名武罢了。至于人们称他为孙子或孙武子,那是就他作为兵法家而言的,正如老子、孔子、墨子之称一样。这样,齐国的田武子开就消失了,而吴国则出现了一位兵法家孙武子。

《孙子兵法》是何时写成的,这很难说。按那时人的写作惯例,可能是陆续写成的。其中大部分写成于齐国,到吴国后又有修改和补充。伍子胥知道他能用兵,就因为看到过《孙子兵法》,起码他是向孙武子请教过兵法的。否则,他凭什么极力向阖闾推荐孙子呢?

吴王阖闾并不知道本国有位善于用兵的孙武子。所以,当伍子胥“一旦与吴王论兵,七荐孙子”的时候,吴王说:“子胥托言进士,欲以自纳。”他之所以对伍子胥有这种看法,是因为伍子胥曾建议吴王僚伐楚(前522年),被他阻止了。他原以为伍子胥有什么锦囊妙计,现在不过秘而不宣而已。但他还是听从了伍子胥的建议,请孙武子来相见。他之所以这样做,是因为伍子胥曾推荐专诸刺杀了吴王僚,实现了他身登王位的梦想;事后,伍子胥又推荐要离,刺杀了逃离吴国的王僚之子庆忌。这次他推荐孙武子,其中必有奥妙。何况王僚之弟公子掩余和烛庸在伐楚的前线上听说吴王阖闾杀王僚而自立,遂叛吴归楚,对吴王阖闾构成了心腹之患呢? 当然,这其中还有深层次的因素:吴、楚世仇,势不两立,这是历代吴王都必须考虑的;而伍子胥为报父兄之仇而来,他能不能真正帮助解决这个问题呢?事实上,伍子胥是感到力不胜任才推荐孙武子的。他推荐孙武子时必然会把《孙子兵法》提出来。

孙武子身在吴境,吴王要召见他,他只得从隐居处赶来相见。吴王把他安置在城中的馆舍里,同他讨论兵法。他“每陈一篇,王不知口之称善其意,大悦”。可见,吴王听得入了神,不由自主地连声叫好,完全被这部奇书迷住了。所以,在日后的吴楚之战中,不管孙武子是不是直接出阵指挥,他所写的《孙子兵法》都起到了指导作用,并取得了辉煌的胜利。后来《孙子兵法》得以广泛流传,至今不绝,其原因就在这里。

吴王和孙武子不仅讨论了兵法,还讨论了当时的各国形势和自古以来得天下者的道理。新出土的《孙子兵法·吴问》所回答的就是前一个问题;《黄帝伐赤帝》回答的则是后一个问题。这表明,吴王阖闾的政治胃口是很大的。他不仅要吞灭楚国,而且要称霸中原,进而统一天下。

从表面上看,《吴问》谈的不过是晋国六卿的问题,实际上晋国的问题涉及当时中国的“国际”形势。在吴国兴起的时候,各国争霸已近尾声。最先称霸的齐国这时无暇外务,偏处东方,只能和鲁国进行较量。秦国僻处西戎,无力东顾,只能守疆保土而已。晋楚争霸虽在继续,但已处于僵持状态。晋联齐,楚联秦,都不能改变这种局面。于是,晋联吴制楚,楚则联越制吴,彼此互相牵制。在这种形势下,如吴能破楚服晋,称霸中原以制四方,就不成问题了。此可谓晋、楚两败俱伤,而吴则独得其利。要不,吴王为什么专问晋国的内情呢?

不仅此也。吴为太伯之后,太伯、虞仲兄弟让位于王季而窜入荆蛮,王季子文王为西伯,至武王而奄有天下。现在周室衰微,该是吴国王天下的时候了。《黄帝伐赤帝》,就是为此而作的。其中谈道:往古的时候,黄帝坐镇中央,赤、青、黑、白四帝为虐于四方。黄帝厚爱于民,取得天时、地利、人和,乃南伐赤帝,东伐青帝,北伐黑帝,西伐白帝。已胜四帝,而天下归之。后来,商汤攻走夏桀,据有九州;周武王翦灭商纣王,四海归一,也都是取得天时、地利、人和的结果。

这就告诉吴王,你想争霸中原,取得天下吗?就取法于这一帝二王吧!当然,孙武子首先抬出黄帝来,是另有原因的。齐国田氏即奉黄帝为远祖。后来齐国稷下黄老之学,就是托黄帝、老子而言的。在这一点上,孙武子可谓黄、老之学的始作俑者。

孙武子向吴王阖闾提出的战略决策,可以这样来概括,即:破楚、争霸、取天下。这三步曲对吴王来说,可谓正中下怀。在周代的姬姓诸侯中,吴国是最早公开称王的。从吴王寿梦起,就开始做这个梦。寿梦之子诸樊、余祭、余昧、王僚继续在做这个梦。现在该轮到吴王阖闾了。

但对阖闾来说,最关键的还是走完第一步。从寿梦到王僚,都没有走完这一步,他该走完这一步了。为此,他从即王位之日起(前515年),就从各方面进行准备工作。如躬自克俭,励精图治;体恤民众,存问孤寡;发展生产,增加储备;选练士卒,加强战备;修筑城郭,完善守备;礼贤下士,开怀纳谏,等等。这些,都令邻国刮目相看,敌国为之不安。到第三年他召见孙武子时,可以说一切已准备就绪,就要开始行动了。

在行动之前,吴王问孙武子,可否按其兵法进行一次表演。孙武子说:行。经过商议,吴王命挑选180名宫女交孙武子进行演练,其中包括他的两名爱姬。孙武子把这180名宫女分为两队,命吴王的两名爱姬担任队长,同时任命了阵地执法官。他当即交代了操作要领,开始演练,但一再号令,宫女们只是哄乱嬉笑,拒不服从。孙武子按军法要斩吴王的两名爱姬,吴王为她们求请,被孙武子拒绝了。吴王一气之下,当即退场。孙武子依次任命了两位新队长，继续操练。这次，队伍整齐画一，庄严肃穆，进退跪起，前后左右，劈刺喊杀，无不如法。孙武子请吴王来检阅，吴王还在气头上，就说你休息去吧，“寡人已知将军能用兵矣”。孙武子也没好气，就说：君王只是空喜好我写的兵法，并不想真正实行，那就算了。后经伍子胥向吴王陈说利害，以为破楚非孙武子不足以当其任。吴王气消，亲自去挽留孙武子，委以重任，参与军国大计。

这里有一个问题，在以后的吴楚之战中，为什么只见有伍子胥，而不见孙武子其人呢？我认为，这要从当时的情势来解释。总的来说，那时兴师出征是由君主或其亲族挂帅的，外人难得直接掌握军队。伍子胥来自楚国，对楚国的国情、民情、军情以至山川地理形势，了如指掌。所以，许多建议是由他按照《孙子兵法》的原则，结合楚国的情况提出来，并带头予以实施的。后人或以为孙武子当了将军，或以为实无其人，都是不对的。他和吴王的关系，犹如后来的张良和刘邦。刘邦说过：“运筹帷幄之中，决战千里之外者，子房也。”我们也可以说，在吴楚之战中，运筹帷幄之中，决胜千里之外者，孙武子也。

吴、楚之战大体上可分三个阶段。第一阶段，作三师以肄楚，攻取楚淮北重镇养城，夺取楚淮北之地。

吴王阖闾夺取王位后的第三年（鲁昭公三十年，前512年），内部已经巩固，就着手谋划攻楚之计。他一面重用孙武子，一面向伍子胥征询伐楚之策。伍子胥献计说：

“楚执政众而乖，莫适任患。若为三师以肄焉，一师至，彼必皆出，彼出则归，彼归则出，楚必道敝。亟肄以罢（疲）之，多方以误之，既罢而后以三军继之，必大克之。”（《左传》昭公三十年）

这就是有名的“三师肄楚”之计。其大意是：楚昭王年幼，当政者多而不和，无一人能担当国之忧患。假如将吴军改编为三师,轮番出动,调动楚师前来,使之疲于奔命。如此反复多次,待楚军疲惫不堪,出现失误,再出动三军与之决战,这样必能大获全胜。

当时的军力对比是:吴弱楚强,所以不能贸然对楚进攻。只有实行这种战略,消耗楚军的战斗力,才能以少胜多,战而胜之。阖闾采纳了这个建议。

这次战役的过程,要从吴国的内争说起。阖闾夺取王位后,王僚之弟公子掩余和烛庸在伐楚前线上闻变,遂弃军而逃。掩余奔徐(今江苏盱眙),烛庸奔钟吾(今江苏宿迁东北)。阖闾三年,令徐人拘捕掩余,钟吾拘捕烛庸,送交吴国。但这二国拒不从命,把二公子私下放走了。二公子走投无路,乃逃往楚国。楚派监马尹大心迎接,把他们安顿在养(今河南沈丘东南),又派莠尹然、左司马沈尹戌为之筑城,并取其东城父与胡之土田,作为他们的封邑,以扞御吴国。

阖闾为此大怒。这年冬天,他派兵执钟吾之君,并兴师伐徐。他壅水灌城,灭掉徐国。徐君章禹无奈投降,后又跑到楚国夷城,以图再举。三师肄楚之役由此开始了。次年:

"秋,吴人侵楚,伐夷,侵潜、六。楚沈尹戌帅师救潜,吴师还。楚师迁潜于南冈而还。吴师围弦。左司马戌、右司马稽帅师救弦,及豫章。吴师还。始用子胥之谋也。"(《左传》昭公三十一年)

吴军这两次行动,都是为了调动敌人,疲劳敌人,麻痹敌人,迷惑敌人,所以都发生在江淮之间。这年冬天,吴军突然大举出动,以迅雷不及掩耳之势,攻克养城,擒杀二公子,占据了楚淮北之地,取得了第一次战役的决定性胜利。

吴国取得胜利后,阖闾想挥师西上攻郢,被劝谏班师,进行休整。次年(前510年),吴军进攻越国,大败越军,解除了再次攻楚的后顾之忧。又经过一年积极准备,吴、楚之战进入了第二阶段。

鲁定公二年(前508年),吴楚之间进行了豫章之战。在豫章地区,除潜、六已沦为楚邑外,南近江水的地方还存在着群舒和桐等受制于楚的小国。吴国扬言要讨伐桐国,并让舒鸠人给楚国送去假情报,引诱楚国出兵。楚令尹囊瓦果率军进驻豫章,准备追击吴军。但自夏至秋,吴国虽"见舟于豫章",却不见有伐桐的举动。其实,吴军已"潜师于巢",在作围攻楚军的准备了。这样又从秋天到了冬天,楚军士卒思归,人心涣散,戒备松懈,完全丧失了初来时的锐气。吴军乘机突然从三面包围了豫章,对楚军发动了猛烈进攻。楚军仓惶失措,大败而逃。吴军乘势掩杀,大获全胜。这时阖闾又想挟胜西上攻郢,再次被劝谏班师。回师途中,又一举攻克巢城,活捉楚守将公子繁。至此,大别山以东江淮之间的楚国土地,全部为吴国所占据。楚国的东方门户被打开了。

两年之后,即鲁定公四年(前506年)秋九月,吴王发起了破楚入郢之战。这次大战的序曲是由救援蔡国引发的。先是蔡昭侯和唐成侯均被楚令尹囊瓦关押过三年,他们都因此而求助于吴。蔡昭侯同时求助于晋,晋无力救蔡。蔡昭侯乃攻楚之与国沈,虏其君嘉。楚囊瓦帅师围蔡。这时,吴王倾全国兵力,沿淮水西上,进攻围蔡楚师。楚师退去,回到郢城。吴军掠过淮汝,进抵黄邑,与唐、蔡两国军队会师,迅猛通过大别山脉和桐柏山脉之间的大隧、冥阨、直辕三隘口,突入楚国腹地,与楚国夹汉水而军,布下阵来。

楚左司马沈尹戌建议,由他赶往方城,调动在那里防御晋国的楚军,绕到黄邑,堵住大隧、冥阨、直辕三隘口,切断吴军退路,然后由囊瓦率楚军从夏州(汉口)渡过汉水,在正面进攻吴军。这样,吴军腹背受敌,其败必矣。囊瓦同意他的意见,但沈尹戌去后,他在下属的怂恿下又变了卦,提前渡过汉水,进攻吴军。吴军巴不得楚军前来求战，自小别至于大别，且战且退，一直退到柏举地区才停下来。

这时囊瓦感到上了当，想回守汉水。但事已至此，要回头则吴军尾随而来，已经不可能了。加以受到下属的怂恿，他只得硬起头皮在柏举同吴军决战。吴军退守柏举后，阖闾有些犹豫，怕一战不胜，前功尽弃。其弟夫槩断然出阵，进攻楚军。楚军立足未稳，军心不固，突遭攻击，阵形大乱。吴王随后率主力掩杀过来，大败楚师，俘虏楚将芳射。楚大夫史皇战死。囊瓦弃军而走，逃往郑国去了。楚军残部由芳射之子芳延率领，向郢城方向狼狈逃窜而去。这就是史书上有名的吴楚柏举大战。

柏举战后，吴军马不停蹄，立即追击芳延残部，一直追到清发水边（今郧水）。这时夫槩又建议，对芳延所率楚军残部不要截击，等他们渡过一半时再击之。结果，芳延率先渡人马逃走，后渡的又被吴军消灭了。

芳延逃至雍澨，见吴军尚未追来，就稍事休息，埋锅造饭，想饱食一顿再走。不料，吴军又快速赶来。楚军只得弃食而去，如鸟兽散，各自逃命。芳延见此情景，就率其家兵逃到脾泄去了。

雍澨隔汉水离郢城五十里。对吴王来说，郢城已唾手可得了。但就在这时，沈尹戍因中途闻变，转而回救郢城，也赶到了雍澨。一场恶战又开始了。沈尹戍当然要进行死战，吴军在雍澨这个三面环水的地方也只有拚死战斗，战胜而后入郢。结果，双方你来我往，经过三次交锋，沈尹戍负了重伤，无力再战。他不愿被阖闾生擒，蒙受屈辱，就让属下吴句卑砍掉他的头颅，含恨而死。楚军失去主帅，遂遭大败。

雍澨战后，吴军渡过汉水，向郢城挺进。楚昭王见大势已去，弃城而逃。吴军顺利进入郢城。这就是史书所说的五战入郢。

随后，昭王辗转逃到随国，派申包胥请来秦师，对吴军进行反击。而吴军入郢后不恤民命，横行霸道，引起民愤，屡战屡败。加以内部出了问题，最后不得不撤出郢城，全师而归。

尽管如此，楚国还是元气大伤，再无力争霸了。而吴国则从此“声名显赫于诸侯”。后来，夫差继承父志，大败越王勾践于夫椒，破齐师于艾陵，在黄池与晋国争为盟主，这些都是吴楚之战带来的后果。孙武子这时当已离开人间，但正如太史公所说：“阖庐知孙子能用兵，卒以为将。西破强楚，入郢；北威齐、晋，名显诸侯；孙子与有力焉。”（《史记·孙子吴起列传》）他在另一处又说：“阖庐使太子夫差将兵伐楚，取番。楚惧吴复大来，乃去郢，徙于都。当是时，吴以伍子胥、孙武之谋，西破强楚，北威齐、晋，南服越人。”（同书《伍子胥列传》）这，就是孙武子后半生在吴国建立的历史功绩。

三、划时代的杰作

孙武子的突出贡献还不在于他参与谋划吴楚战争，更重要的是他撰写了一部划时代的杰作《孙子兵法》。他“以兵法见于吴王阖闾”，深得阖闾敬重，从而运筹帷幄。吴楚之战的全过程，就是依据《孙子兵法》进行的。所以，问题不在于吴楚之战中都有那些人提出了那些意见，而在于他们的意见都是依据《孙子兵法》提出来的。我们无法知道，这些人是不是都看过《孙子兵法》，但可以肯定，吴楚之战是对《孙子兵法》的一次重大演练和光辉实践。当时吴国的兵力不过三万人，而楚国的兵力则多达二十万。以如此悬殊的兵力，吴国屡战屡胜，最后破楚入郢，可见《孙子兵法》所具有的内在威力。事实证明，《孙子兵法》是一部克敌制胜的法宝，因而后来广为流传，到战国时候已经是“藏孙、吴之法者家有之”了。

《孙子兵法》内容广泛,但其中精华还是传世的十三篇。他献给吴王阖闾的就是这十三篇,所以随后阖闾对他说:“子之十三篇,吾尽观之矣。”太史公也说:“世俗所称师旅,皆道孙子十三篇。”可见,这十三篇是一个整体,一部专著。也可以说,只有这十三篇,才称得上是《孙子兵法》。

《孙子兵法》不过六千余言,它为什么有那么大的威力和影响力,千古流传而不朽呢?我认为,从根本上说,它是为了埋葬旧时代、创造新时代而写的。它既是一部对旧时代的宣战书,又是一部创造新时代的宣言书。从一个时代转变到另一个时代,一般都是通过战争实现的,《孙子兵法》就是实现这种转变的理论武器。孙武子不仅是一位军事家和军事理论家,同时也是一位政治家,而且首先是一位政治家。他是作为一位政治家来考虑并处理战争问题的。战争不过是一种手段,而政治才是目的,这是《孙子兵法》的基本指导思想。从这种意义上说,《孙子兵法》可谓一部政治军事学著作。如果只是简单地把它看成一部军事著作,那是难得其要领的。

正由于此,《孙子兵法》不是以往兵学的继承和总结,而是新一代兵学的开创之作。当然,齐国的兵学是有传统的,孙武子不可能不从中吸取营养。特别是他与司马穰苴同时而略晚,司马穰苴曾“申明”古代的《司马法》,作《司马穰苴兵法》,他不可能不从穰苴学习并从中取得教益。但《孙子兵法》毕竟与以往的兵学有本质的区别,如《司马法》中讲的大戎与小戎,在《孙子兵法》中是见不到的。至于《孙子兵法》的创作来源,我认为主要是来自作者自己的战争实践和对春秋时代的战争总结。总结这些经验,提升为理论,再吸收以往兵学的有益成分,这样就创作出了新时代的兵学,成为后世兵学的鼻祖。

这样说有没有根据呢?有。根据就在《孙子兵法》里。首先,《孙子兵法》在思想认识上,与以往是不同的。如《用间篇》中说：

“故明君贤将，所以动而胜人，成功出于众者，先知也。

“先知者，不可取于鬼神，不可象于事，不可验于度，必取于人，知敌之情者也。”

这段话虽然只是指使用间谍了解敌情说的，但也表明了《孙子兵法》的认识论。“取于鬼神”，即求神问卜；“象于事”，义为用类似的事情进行比附；“验于度”，指参验星象度数。这些都是古代战争中用过的。孙武子断然予以否定，弃之不用。他认为，要知道敌情，就“必取于人”，除此是不可能的。进行战争要“知彼知己”，知彼“必取于人”，知己就更不用说了。

古代出师必告庙，这种形式在《孙子兵法》中还是保留的，但已改为庙算了。《计篇》讲的就是这个问题。所谓庙算，就是在庙堂之上计算敌我双方的军事实力、经济实力和政治实力。其中有些算法是以往就有的，如说：

“法：一曰度，二曰量，三曰数，四曰称，五曰胜。地生度，度生量，量生数，数生称，称生胜。”（《形篇》）

但有些算法则是孙武子独有的，这就是：计算政治军事实力。其中包括天时和地利。《计篇》讲的主要是这方面的问题。如说：

“故经之以五，校之以计而索其情：一曰道，二曰天，三曰地，四曰将，五曰法。”

“故校之以计，而索其情，曰：主孰有道？将孰有能？天地孰得？法令孰行？兵众孰强？士卒孰练？赏罚孰明？吾以此知胜负矣。”

这完全是一种新的计算国力的方法，在以往是没有的。如君主的政治能力，将帅的军事能力，从来都是不予计算的。这种算法，非常接近现代所说的综合国力，强调了政治的主导作用。而且，计算运用筹码，用的是数学方法，也是相当科学的。这样就得出结论：

“夫未战而庙算胜者，得算多也；未战而庙算不胜者，得算少也。多算胜，少算不胜，而况于无算乎！”

这里所说“无算”，并非不加计算，而是算来算去，一筹不得，即得了零分。用成语说，就是一筹莫展了。这样的国家，不管大小，迟早都是要灭亡的。

这种计算国力的方法，为战国时期一些法家和兵法家所采用，引出了一场社会大变革。可见，《孙子兵法》是为迎接新时代而写的建国纲领和治国纲领。其主旨在于：富国强兵，以取天下。只有把握住这个主旨，我们才能真正领会《孙子兵法》的理论价值和历史意义。

计算综合国力，是进行战争的前提。要进行战争，就必须稳操胜券。但这还不够。要进行战争，就必须认真考虑战争对国力的巨大消耗。《作战篇》回答的就是这个问题。

按此篇计算，兴师十万，各种费用，每天要花掉千金。这是一个惊人的数字，如依汉代货币单位换算，千金就是一千万钱，约合汉代中产之家十户的财产。一年按三百六十天计，总共要用三十六万万。所以，一次大的战役，百姓之费要十去其七，公家之费总计则十去其六。这样巨大的消耗，即使国力再强，也是难以持久的。当然，解决这个问题也可“因粮于敌”，取用于敌，但这是难以有保证的。所以，孙武子在这里提出了速战速胜的观点。如持久不决，“钝兵挫锐，屈力殚货，则诸侯乘其弊而起，虽有智者，不能善其后矣。”

这是从消极方面说的。从积极方面说，则有一个如何争取全胜的问题。所谓全胜，就是把敌人的军队、城池以至国家，全部夺取过来。《谋攻篇》回答的就是这个问题。在这里，孙武子提出：战而胜敌，这固然好，但还不是最好的。因为，这样战胜敌人，自己是要付出代价的，有时还可能是沉重的代价,而所取得的胜利果实又必然是不完整的。最好是“不战而屈人之兵”,迫使敌人屈服,或放下武器,投降我方。要做到这一点,就必须以实力为后盾,用谋略来取胜。所谓谋略,主要不是就军事方面说的,而是说的政治谋略。如促成敌方政治废弛,战略松懈,君臣不和,上下离心,“民无所依”,孤立无援,等等。所以说:“上兵伐谋,其次伐交,其次伐兵,其下攻城。”如主要指军事谋略,那就与“伐兵”无以异了。不战而胜,主要不在于我之能胜,而在于敌之可胜。一个熟透了的果子,无人去摘,它也会自行落地的。这样的胜利,就不是在战场上,而是胜于庙堂之上的。当然,只有政治斗争和外交斗争,而无军事斗争,那也是不能“屈人之兵”、“拔人之城”、“毁人之国”的。但进行军事斗争,也不能只限于了解敌人的军情,还必须了解敌人的政情、民情和友情。只有这样,才能做到“知彼知己,百战不殆”。

由于是从政治的高度即国家的安危存亡考虑战争问题的,所以,要进行战争就必须赢得战争。这就有一个如何进行战争才能赢得战争的问题。战争是服务于政治的,但其本身又是一个系统工程,解决这个工程必须有相应的科学军事思想和理论。《孙子兵法》就是这样一部杰作。它不仅适用于古代,其中的基本构思和设计对现代战争仍然是适用的。

战争的双方不外乎攻与守,即进攻与防御。这就要求战必胜,守必固。《形篇》很好地回答了这个问题。防御时要深藏不露,让敌人摸不着头脑,无从进攻;或示敌人以假象,让其上当,来攻必败。进攻时要像晴天霹雳,迅雷烈风,山洪暴发,让敌人无法招架,非死则降。所以说:“善守者,藏于九地之下;善攻者,动于九天之上。”当然,对敌人是要尽量让其暴露真形的。

攻守中的示形与隐形,还不是《孙子兵法》中最杰出的思想,最杰出的是《势篇》中提出的奇正观点。说:“凡战者,以正合,以奇胜。”所谓出奇制胜,就是从这里来的。不过,要理解这一点,关键不在于如何释奇,而在于如何释“正”。所谓正,指的是部队的“分数”“形名”,即:组织编制和金鼓旌旗。正者,组织良好、训练有素、号令严明、动作有节之谓也。只有这样的军队,才能做到“纷纷纭纭,斗乱而不可乱也;浑浑沌沌,形圆不可败也”。这就叫做奇。所以,奇正相生相成,是不可穷尽的。战场上的情况千变万化,要根据情况运用兵力,变换战略战术,攻要攻得奇,守要守得奇。因此说,“战势不过奇正,奇正之变不可胜穷也”。如果只从奇字上做文章,那是得不到《孙子兵法》的真谛的。

出奇制胜,但未必就能制胜。这里的关键是虚实问题。如能避实击虚,这样出奇就可制胜;否则,无论如何奇,都是无法制胜的;也有可能得不偿失,甚至大败亏输。《虚实篇》回答的就是这个问题。知敌之虚实,知我之虚实,就可出奇制胜。避敌之实是胜,击敌之虚更是胜。用我之实是胜,避我之虚也是胜。因敌我之虚实而出奇,变敌我之虚实而出奇,虚虚实实,实实虚虚,则可无往而不胜。“胜可为也”,其秘密就在这里。

这三篇(形、势、虚实),是《孙子兵法》中的精华,极富于时代性和创造性,为以往兵法所未有,开后世兵法之先河。这三篇又是合为一体,交相为用的。战场上的行动不是写文章,写文章要层次分明,顺理成章;两军交锋,攻守、奇正、虚实,必兼而用之。当然,战争也有阶段性,但每一阶段也要三者交互为用,才能取胜。每次战役都要三者交互为用而又各不相同,其变无穷,所以同样可用于现代战争。这就叫战争的规律,规律性的东西,古今一也。

在两军相争中,有一个争取主动的问题。所谓主动,并不是说要先发制人，而是在战争的时间上，地点上，阵容和作战态势上，都要争取到有利的地位，根据情况而自如地行动。可以进则进，可以止则止。能够打就打，应该守就守。进得主动，退得主动。攻得主动，守得主动。趋利避害，无不主动。敌人不知所措，全面陷于被动。这就是《军争篇》要回答的问题。“军争为利，军争为危”。决不能不顾实际，盲目行动。

但战争是双方进行的，决不会完全由一方来决定。在遇到各种特殊情况时当如何处置呢？《九变篇》回答了这个问题。这里举出了五种不同的地形和应当采取的措置。又举出四种非常态的行动，即“途有所不由，军有所不击，城有所不攻，地有所不争”。这样做，是从利害关系考虑的。例如，城可攻而不攻，是因为攻之有害而无利，徒遭损失。要做到这一点，做主帅的就必须清醒而冷静，置个人荣辱利害于度外，以国之安危存亡为己任。

《孙子兵法》的一个重要特点，是主张远距离外线作战，反对近距离内线作战，即不战于己境而战于敌境，甚至越国而战。千里行军，必然要遇到种种问题。这就要求善于应付行军途中的各种情况，处理好军队内部的关系。《行军篇》就是为此而作的。行军作战会遇到各种各样的地形，于是而有《地形篇》。“夫地形者，兵之助也。料敌制胜，计险易、远近，上将之道也。”所以说：“知彼知己，胜乃不殆；知天知地，胜乃可全。”

不仅此也。在不同的地理环境中作战，士卒心态、诸侯情势、敌我双方的战争势态等，就各不相同。对此，都要有相应的措施，适当的处置，正确的方法。《九地篇》回答的就是这些问题。本篇的重点在深入敌境作战，利在速战速决，所以对速决战作了淋漓尽致的发挥，让人如临其境，如闻其声，如见其形。其中有些段落与以前各篇内容略有重复，一些释家疑其有误,殊不知这种重复只是必要的集中,集中于深入敌境进行速决战,而更具活力。就像讲话一样,有些重复是为了加重语气,提高讲话的分量,引发人们的注意力。因此,只要不是咬文嚼字,而认真领略其精神,就会看出,这是一篇气势磅礴的光辉杰作。

《孙子兵法》到此本应结束了,但言犹未尽,加进了《火攻》和《用间》。这两篇,更加强了孙武子的战争速胜观。火延昆冈,玉石俱焚。所以,火攻用得好,可一举而决定战事。用间谍也是如此,商汤和周武王都是重用间谍而一举成功的。值得注意的是:孙武子第一次把火攻和用间提到了如此重要的地位。这是非常可贵的,看了令人拍案叫奇,两千五百年前何以有如此之作耶?!

统观《孙子兵法》,可以说篇篇金玉,振振作声。只有千古兵圣才能写出这种千古不朽之作。这说明,我们的民族是伟大的,只有伟大的民族才会产生如此伟大的兵圣。他是我们民族的象征。从他那里我们可以听到历史的脚步声,中华民族正在奋起,走向世界,走向未来。

孙膑兵法译注

李兴斌 邵斌 译注

前言

我国是一个古代军事文化极为发达的国度。在几千年漫长悠久的历史长河中，在这方古老神奇的土地上，发生的战争战役难以数计，涌现的军事家灿若群星，形成的兵书战策卷帙浩繁。但是，我国古代军事理论的基础，却并非是经过几千年才形成的，而是早在春秋战国时期就奠定下来了。

春秋战国时期，是我国历史上一个十分重要的阶段。在这一历史时期内，虽然列国纷争，战事频繁，但学术文化却十分发达，甚至形成了百家争鸣的局面，而兵家则正是当时各家文化中一个重要的学术派别。当时著名的兵家人物，自然应当首推孙武，其下则有司马穰苴、吴起、孙膑、尉缭等人。孙武的后人孙膑，又称齐孙子，《史记》有传，列于孙武之后。《史记》的传文较为详细地记载了他的生平事迹。与乃祖孙武相比，孙膑的生平似更富传奇色彩。据说，他曾与庞涓一起向我国历史上的一位极为神秘的人物鬼谷子学习兵法。在学习期间，他由于得到了乃祖孙武的真传，又加天赋过人，故而才能高于庞涓，庞涓深忌之。后庞涓去魏国当了将军，便将孙膑诳至自己门下，诬以罪名，"断其两足而黥之"，企图使孙膑从此隐姓埋名，无法现身于世。面对庞涓的残害，孙膑只好忍耻佯狂，借以麻痹庞涓。后来，他借齐国使者来到大梁之机，暗地里说服齐使，将其偷偷地载运回齐国，并介绍给齐国大将田忌，从而成为田忌的门客。

回到齐国之后，孙膑的过人才能终于得到了充分发挥的机会。他先以运筹之术帮助田忌在赛马场上赢得千金，使得田忌对他刮目相看，并将他推荐给齐威王，得为军师；后又在救赵（桂陵之战）、救韩（马陵之战）过程中，相继用围魏救赵之计和退兵减灶之计两败庞涓，迫其自杀，并俘虏魏太子申，从而威震诸侯，"名显天下"，使齐国走上了强大之路。司马迁在《史记·孟子荀卿列传》中说，"齐威王、宣王用孙子（膑）、田忌之徒，而诸侯东面朝齐”，就是对他的历史作用的一种肯定。

作为一代杰出的军事家，孙膑与孙武以及和他同时代的吴起齐名，世称“孙吴”。孙武因从齐国奔吴并在那里建功立业，人们习惯上称他为“吴孙子”。孙膑因助田忌两败魏军，并且终老于齐，人们习惯上称他为“齐孙子”。孙武的兵法著作，人们一般称为《孙子兵法》，有时也称为《吴孙子》；孙膑的兵法著作，人们一般称为《孙膑兵法》，有时也称为《齐孙子》。可惜的是，《孙膑兵法》没有能够像《孙子兵法》那样，代代相继地流传下来，而是大约在东汉末年即已佚失，并且从《隋书·经籍志》开始即不见于历代著录。一部杰出军事家的著名兵书，就这样失传了，这很自然地引起了人们的种种怀疑和猜测，所以从宋代以至近世，中外学者聚讼纷纭，莫衷一是。有人甚至认为，历史上根本没有孙膑其人，所谓的孙膑其实即是孙武，而所谓的《孙膑兵法》其实也就是《孙子兵法》。然而，历史好像是故意要和人们开一个大大的玩笑：1972 年 4 月，在山东临沂银雀山的汉墓中，同时出土了抄写在竹简上的《孙子兵法》和《孙膑兵法》。这一重大的考古发现，当时就在国内外引起了轰动。

由于年代久远，银雀山汉墓出土的竹简残缺不全，损坏严重。经银雀山汉墓竹简整理小组的认真发掘、整理和考证之后，由文物出版社先后于 1975 年 2 月和 7 月分别公开出版了普通本竹简《孙膑兵法》和线装大字本竹简《孙膑兵法》。竹简本《孙膑兵法》共收经过整理的竹简 364 枚，分为上、下两编，每编各 15 篇，计 11000 余字。这样，失传长达 1700 多年的《孙膑兵法》终于得以重见天日。历史上究竟有无孙膑其人？《孙膑兵法》究竟是否与《孙子兵法》是一部书？这件聚讼千年的历史疑案，终于随着这一新的重大考古发现而涣然冰释！

但是，随着研究的逐渐深入，人们对 1975 年整理出版的竹简本《孙膑兵法》的认识也在不断地深化。有的学者提出，1975 年版《孙膑兵法》下编 15 篇，不像是《孙膑兵法》的内容，而应是其他兵法著作的佚文。如张震泽在《孙膑兵法校理》一书的《例言》中就曾说：“文物出版社本《孙膑兵法》，共三十篇，分为上下两编。上编十五篇，各记‘孙子曰’或‘威王曰’，可称为‘《孙膑兵法》’；下编十五篇，无此等字样，似非孙膑之书，而应别题书名，作为附编。”这一观点，一经提出，即很快得到了学术界大多数学者的认同。所以，文物出版社遂于1985年又重新校订、出版了新版大字本《孙膑兵法》。这次出版的《孙膑兵法》，删下编15篇，上编在原有15篇的基础上增《五教法》而成16篇。此后，绝大多数学者在整理、研究和校注《孙膑兵法》时，均以此一版本为依据。我们这次重新注译这一名著时，同样是以银雀山汉墓竹简整理小组整理、文物出版社1985年出版的大字本《孙膑兵法》为依据的，但考虑到被删掉的后15篇也有不可忽视的重要价值，所以仍以“银雀山汉墓竹简兵法佚文”之名，略加注释，附于书后，并同时将其摹本也收入书中，以供古代兵法爱好者参考。

孙膑生活的时代属战国中期，这是一个新兴地主阶级已经走上历史的舞台、政治经济变革广泛而深刻、战争日趋频繁和残酷、社会秩序剧烈动荡、国家正逐步由分裂走向统一的历史时期。由于这样一些时代特征，使得《孙膑兵法》也具有与以往出现的兵书所完全不同的鲜明特点。

首先，在战争观问题上，孙膑针对儒家以“仁义”去战的主张，明确提出了“战胜而强立”的思想。这一思想，较之《孙子兵法》的“兵者，国之大事，死生之地，存亡之道，不可不察也”，显然大大地前进了一步。为证明战争是除暴乱、“禁争夺”、服天下并进而巩固政权实现统一的必然手段，孙膑列举了“神戎战斧遂，黄帝战蜀禄，尧伐共工”、“舜……并三苗”、“汤放桀，武王伐纣”、周公东征平叛等一系列历史传说和事实作为证据。他尖锐地指出，面对列国争雄、七强并立的现实，自己又“德不若五帝，而能不及三王，智不若周公”，却想通过“责仁义，式礼乐，垂衣裳”，以达到“禁争夺”的目的，只能是一种幻想，根本无法做到。不过，孙膑虽然提出了“战胜而强立”的思想，主张通过战争实现国家统一、达到使“天下服”的目的，但他同时也极为清醒地看到了战争的负面效应，并不认为战争就是一种能够解决所有问题的万能的手段。他一再提醒人们，虽然“战胜”可以“存亡国而继绝世”，但如“战不胜”，也会“削地而危社稷”；“兵者”当然“不可以不察”，但是“乐兵者亡，而利胜者辱”；所以，“兵非所乐也，而胜非所利也”。在这一认识的基础上，孙膑一方面进一步提出了“富国”、“强兵”的思想，认为“富国”是“强兵”的前提，是“战胜而强立”的基本保证；一方面又进一步提出了“慎战”和“知道”的思想，主张进行战争要“事备而后动”，要做到“有委”、“有义”，强调“王者之将”（指导战争的人）必须“知道”，即必须懂得战争的规律。他说：“夫安万乘国，广万乘王，全万乘之民命者，唯知道。”而所谓“知道”，就是要“上知天之道，下知地之理，内得其民之心，外知敌之情，阵则知八阵之经，见胜而战，弗见而诤（静）”。很显然，这些思想和观点，包含了朴素而深刻的唯物主义和辩证法因素。

其次，在战略指导方面，孙膑提出了“必攻不守”的积极战略思想。据《孙膑兵法·威王问》记载，齐国大将田忌曾向孙膑请教何为“兵之急者”，孙膑在接连否定了田忌认为“赏罚”或“权、势、谋、诈”应为“兵之急者”的看法后，鲜明地提出了“必攻不守，兵之急者”的观点。这里，所谓“必攻”，是指要坚决地主动地进攻；所谓“不守”，是指敌人防守虚弱而又属要害、一经打击就将影响全局的地方。《孙子兵法》曾说：“攻而必取者，攻其所不守也。”很显然，孙武只是在战术层次上提出这一观点的。而孙膑则不然，他将“必攻不守”提到了如此之高如此之重要的地位，则显然是将其视为一种战略指导思想而言的。如果我们对闻名后世的桂陵之战和马陵之战稍加考察，便不难发现：这两次重要战役在指挥上，都充分体现了孙膑的这一思想。这说明，孙膑的这一积极的战略思想，是有着坚实的实践基础的，它在很大程度上发展了孙武的战略指导理论。同时，这一战略思想也充分表现了新兴地主阶级一种积极进取主动出击的精神风貌。应当指出的是，孙膑“必攻不守”的思想，是寡胜众、弱胜强的一个极其重要而宝贵的法宝。这一思想，将战场上的攻与守两种基本手段辩证而有机地结合在了一起，不仅使得战争中处于劣势的一方能够始终牢固地把握住战场上的主动权，使得其最终战胜强敌成为一种可能，而且可以使其有效地避免劣势条件下作战最易产生的消极防御意识。所以，这一思想，实属为将之要义、用兵之“急者”，难怪孙膑将其提到了如此之高的地位。

再次，在战术指导方面，孙膑发展了孙武的任势、造势的理论。《吕氏春秋·审分览·不二》指出，“孙膑贵势”。应当说，这一论断是非常正确的。因为，无论从实战指挥还是从理论阐述看，孙膑对“势”的理解和运用，可以说达到了一个相当高的境界。有学者认为，“孙膑贵势”，指的是他善于“造势”。然而，我们经过考察之后认为，所谓“孙膑贵势”，至少应当包括两个方面的内涵：一是“因势”，二是“造势”。这里，我们不妨先从实际战例考察一下这一问题。据史籍记载，孙膑平生指挥的战役只有两次，即桂陵之战和马陵之战。在桂陵之战中，孙膑因“梁赵相攻，轻兵锐卒必竭于外，老弱罢于内”之势，建议田忌“引兵疾走大梁，据其街路，冲其方虚”，从而收到了“一举解赵之围而收弊于魏”的效果。在马陵之战中，孙膑更明确地提出了“善战者因其势而利导之”的观点，因“彼三晋之兵素悍勇而轻齐，齐号为怯”的客观情势，巧妙地以退兵减灶之计，诱庞涓率轻骑“倍日并行逐之”，然后以万弩在马陵隘塞死地夹道设伏待之，从而一举大破魏军、杀庞涓、擒太子申。由此不难看出，孙膑完全可以称得上是一位善于“因势”的兵法大师。再者，从理论上说，欲“造势”，必须先“因势”。因为，任何高明的“造势”，都不可能是脱离现实的凭空“制造”，而必须先借助于现有的客观态势。所以，所谓“孙膑贵势”，当首先是指他善于“因势”，其次才是指他善于“造势”。抑或说，这是一个问题的两个方面：善于“因势”才能善于“造势”，而欲“造势”则必先“因势”。

目前我们所见到的《孙膑兵法》，风格特点与《孙子兵法》是截然不同的：《孙子兵法》从《计篇》开始至《用间篇》，结构完整，逻辑严密，舍事言理，辞约义丰，学术色彩鲜明，涉及领域广泛，构成了一个既完备严整而又宏伟壮观的兵学理论体系；《孙膑兵法》十数篇，则既有战事追记，又有讨论对话，也有理论阐述，而且其文字多为孙膑弟子所记，虽间或也有孙膑自著，但篇与篇之间缺乏清晰、明确的逻辑关系和理论脉络。所以，从学术理论角度上说，《孙膑兵法》对《孙子兵法》虽有许多发展，但其价值显然无法与之比肩。明代著名学者茅元仪曾说：“先秦之言兵者六家，前孙子者，孙子不遗；后孙子者，不能遗孙子。……要之，学兵诀者，学孙子焉可也。”[1]此话虽有

① 茅元仪：《武备志·兵诀评序》。

绝对之嫌,但却不能说它是毫无道理的。

如前所述,《孙膑兵法》之文字,多为孙膑弟子所记述,其中亦间有孙膑自著,这已为学术界所认可,但其竹简究竟缮写于何时,意见却不一致。张震泽先生认为,墓葬当在西汉武帝时,而缮写当在高帝时,简书本身即可证明。张先生指出:"汉初诸帝,高帝名邦,惠帝名盈,文帝名恒,景帝名启,武帝名彻。简文自惠帝以下,帝名皆不避讳。'盈'字见《威王问》附简、《陈忌问垒》、《积疏》、《奇正》;'恒'字见《篡卒》、《将德》;'启'字全书未用,亦无'开'字;'彻'字作'𢕌',见《势备》、《善者》;简非书于惠、文、景、武各朝,明矣。简文惟称'国'不称'邦',《见威王》'夷有二,中国四',《威王问》'则安国之道也',《陈忌问垒》'国故长久',《八阵》'安万乘国',《延气》'国人家为',《官一》'袭国邑以水',《强兵》'富国',《略甲》'以国章',《兵失》'欲以敌国之民',凡九篇俱有'国'字,仅《陈忌问垒》附简有'子言晋邦之将'一语有'邦'字,盖讳而偶漏者也。由此可见,仅高帝为讳,其下诸帝皆不讳,则简之写成必在高帝在位十余年中。以与湖北云梦睡虎地始皇时秦简比较,相去才二十余年耳。"①这一观点,无疑是正确的。

本书在编写过程中,参考了许多其他学者的著作,吸收了其中一些成果和观点。这些著作主要有:银雀山汉墓竹简整理小组的《孙膑兵法》(1975年普通本、大字本及1985年大字本),张震泽先生的《孙膑兵法校理》,霍印章先生的《孙膑兵法浅说》,邓泽宗先生的《孙膑兵法注译》。在此,我们谨向上述学者以及对本书的编写提出过具体指导意见并提供过具体帮助的吴九龙、李零、刘庆、黄朴民等诸位先生表示衷心的感谢。

由于作者水平所限,书中肯定存在许多错误和不足,我们真诚地欢迎各位方家、读者提出批评。

李兴斌

2008年12月

---

① 张震泽:《孙膑兵法校理·自序》,中华书局1984年版。

凡例

一、本书原文以银雀山汉墓竹简整理小组所整理并校释、文物出版社1985年出版的《孙膑兵法》为底本(以下简称“底本”),并参校张震泽《孙膑兵法校理》(中华书局1984年版,以下简称《校理》)、邓泽宗《孙膑兵法注译》(解放军出版社1986年版,以下简称《注译》)、霍印章《孙膑兵法浅说》(解放军出版社1986年版,以下简称《浅说》)等整理而成。

二、本书附录所收《孙膑兵法》摹本与《银雀山汉墓竹简兵法佚文》摹本,系分别根据银雀山汉墓竹简整理小组整理并校释、文物出版社1985年版大字本《孙膑兵法》摹本和1975年大字本《孙膑兵法》下编15篇之摹本适当缩小制版。

三、为便于读者了解有关情况、把握和理解原文的理论观点和思想内容,注译者对每篇都作了提要性介绍,对文中难懂的词汇、语句作了简要注释,并附以译文,但个别残缺严重者例外。

四、原文中凡银雀山汉墓竹简整理小组所补文字(含篇题),均加[ ]以示区别;不能辨识的字以及由于残断而缺失的字均以□表示,但此种字数如果太多(超过五个)甚至无法确定时,则以删节号表示。

五、为方便读者,原文中的古体字、异体字、假借字等一般改用今通行之简化字,然后在注释中予以说明,如“陈”改作“阵”,“在”改作“存”,“合”改作“答”,“胃”改作“谓”,“鴈”改作“雁”,“戋”改作“哉”,“僪”、“適”改作“敌”,“埶”改作“势”,“毄”改作“击”,“亓”改作“其”,“兑”改作“锐”,“请”改作“情”,等等。但是,同一种情况一般只在第一次出现时予以注释说明,以后出现时则不再说明。

六、文物出版社1975年版《孙膑兵法》中之下编内容,经有关专家学者考证虽未被视为《孙膑兵法》的组成部分，但因其具有重要的学术价值，故仍以“银雀山汉墓竹简兵法佚文”之名作为附录收入本书，只是收入后仅加简要注释而不作提要和翻译而已。

七、本书注释，以简明为宗旨，一般不作详细解说，但对一些重要之处的不同观点，则同时列出，以供读者参考。

八、本书译文，以直译为主，以意译为辅，凡译者为疏通文义所增文字，一般均加( )并采用不同字体以示区别。

目录

擒庞涓

［解题］

本篇以叙事的方式，记述孙膑在桂陵之战中，运用“围魏救赵”的战略策略，“避实击虚”，“攻其必救”，大败庞涓的战例。此战，为诱使庞涓“弃其辎重，兼趋舍而至”，使齐军可以“以逸待劳，乘其弊而击之”，孙膑还采用了“示之疑”、“示之不知事”、“示之寡”等多种“示形”手段，充分显示出他对《孙子兵法》深刻而独到的理解。从行文语气和篇末对孙膑的赞美看，本篇显然是由孙膑的弟子辑录而成的，并非孙膑自己所著。本篇具有重要的史料价值。在《史记》中，司马迁从未言及庞涓参加桂陵之战，亦无齐魏双方投入兵力的记载，而本篇则明确记载庞涓是魏军统帅，田忌与庞涓各率兵八万。因此，本篇可与《史记》、《战国策》的有关记载相互参证和补充。

篇题原写在本篇第一简简背。擒，原为“禽”，二者通，为制服之义。

［原文］

昔者，梁君将攻邯郸①，使将军庞涓带甲八万至于茬丘②。齐君③闻之，使将军忌子④带甲八万至……境⑤。庞子攻卫⑥□□□，将军忌［子］……□卫□□救与……救卫是失令。”田忌曰：“若不救卫，将何为？”孙子曰：“请南攻平陵⑦。平陵其城小而县大，人众甲兵盛，东阳战邑⑧，难攻也。吾将示之疑。吾攻平陵，南有宋⑨，北有卫，当途有市丘⑩，是吾粮途绝也。吾将示之不知⑪事。”于是徙舍而走平陵。

[注释] ① 梁君：指魏惠王䓨，前369—前319年在位。魏国在惠王时迁都大梁（今河南开封），故魏又称梁。梁，原为"粱"。下同。 邯郸：赵国国都，即今河北邯郸。 ② 庞涓：魏国将军。简文中又称庞子，早年曾与孙膑同学兵法。 带甲：披挂铠甲的将士。此处泛指军队。 茬（chí）丘：地名。大约在今河南濮阳南小韩附近。一说在今山东茌平境内。 ③ 齐君：指田齐威王，前356—前320年在位。 ④ 忌子：指齐将田忌。 ⑤ 境：原为"竟"。 ⑥ 卫：国名，原都朝歌（今河南淇县），春秋时迁都帝丘（今河南濮阳）。 ⑦ 平陵：地名。确切地点不详。张震泽《孙膑兵法校理》（以下简称《校理》）认为其即是大梁东方门户襄陵。 ⑧ 东阳：指魏国的一个地区。 战邑：兵家必争之地。 ⑨ 宋：国名。原建都商丘（今河南商丘），战国初期迁至彭城（今江苏徐州）。 ⑩ 途：原为"涂"。 市丘：原为"币丘"，地名。确切地点不详。《校理》认为其即《竹书纪年》所记"梁惠成王十六年，邯郸伐卫，取漆、富丘，城之"中之"富丘"，属卫国地。 ⑪ 知：原为"智"，二字通。

[译文] 从前，魏惠王准备前往攻打赵国都城邯郸，遂派将军庞涓率兵八万，前进至茬丘驻扎。齐威王听到这个消息之后，派将军田忌领兵八万，抵达齐魏边境（，准备救赵）。庞涓攻打卫国国都帝丘。将军田忌（想领兵直趋赵国，援救赵、卫，孙膑不同意，说：）"救卫是违背军令。（要想解开杂乱纠缠的绳索不能握起拳头乱砸，解劝搏斗的人，不能直接去夺取他们手中的武器，而应当避实击虚，攻其必救之处。这样，他们就会由于形势的妨碍和阻隔，自行解围了。）"田忌又问："如果不救赵、卫，那又该怎么办呢？"孙膑说："请向南进攻平陵。平陵城池虽然小，但所辖县境却很大，人口又多，兵力又强，是东阳一带兵家必争的城邑，很不容易攻取。我们要显示出使他们迷惑的态势。我军攻打平陵，南面有宋国，北面有卫国，途中有市

丘,这样我们的粮食补给线肯定会被切断。我们就是要装出不知道这件事利害的样子(,以迷惑庞涓)。”于是,齐军拔营直奔平陵而去。

[原文]

[□□]陵,忌子召孙子而问曰:“事将何为?”孙子曰:“都大夫孰为不识事①?”曰:“齐城、高唐②。”孙子曰:“请取所□□□□□□□□□□二大夫□以□□□臧□□都横卷③,四达环涂④□横卷所□阵⑤也。环涂铍⑥甲之所处也。吾末甲劲,本甲不断⑦。环涂击柀⑧其后,二大夫可杀也⑨。”于是断⑩齐城、高唐为两,直将蚁附⑪平陵。挟苗⑫环涂,夹击其后,齐城、高唐当术⑬而大败。

[注释]

① 都大夫:治理大城邑的长官。这里指那些率领自己都邑军队随田忌出征的大夫。 不识事:与上文“不知事”同,均是不懂用兵之道的意思。 ② 齐城、高唐:齐国的两个都邑。齐城,疑即齐都临淄,在今山东临淄。高唐,在今山东高唐、禹城之间。 ③ 二大夫:原为“二夫 =”。原简“夫”字下之“ =”为合文符号,因“夫”包含“大”字义,故读为“大夫”。 横卷:疑指魏国的两个都邑。一说,横指遮断、威胁,卷通“圈”,故可理解为封锁包围之意。 ④ 环涂:一说,疑是魏军驻地之一;一说,疑即魏国将军“钻荼”;一说,为古道路之称。⑤ 阵:原为“陈”,下同。 ⑥ 铍:疑即“被”或“彼”。 ⑦ 末甲:前锋部队。 本甲:后续部队。 ⑧ 击:原为“毄”。 柀:疑通“破”。《校理》认为宜解作“披”,现在或写作“劈”,或写作“批”,其义为“分”。 ⑨ 二大夫可杀也:《校理》认为自此以上为庞涓语。⑩ 断:原作“段”。 ⑪ 蚁附:原作“蚁傅”。古时攻城,士卒凭借云梯如蚂蚁般攀援而上,故有是称。 ⑫ 挟苗(jiá dié):疑系魏军驻地或将领之名。一说借为浃渫,形容部队连续不断。 ⑬ 术:道路。一说指谋略计划。

[译文] （齐军即将到达）平陵（的时候），田忌召见孙膑问道："下一步该怎么办呢？"孙膑说："我们的都大夫里，有谁不懂得用兵打仗呢？"田忌回答说："要数齐城、高唐二位都大夫。"孙膑说："那就请赶快派（齐城、高唐二位大夫率部攻打平陵。他们前去攻打平陵的时候，必须经过魏国的横、卷二个城邑，）横、卷二邑城外是四通八达的平坦大道，是魏军车甲聚集之地，也是他们布列阵势的好地方。我们的前锋部队要保持强大的战斗力，主力部队不要分散。而齐城、高唐二位大夫的部队（前有平陵坚城之阻），后有环涂敌军的截击冲杀，必然会被彻底击败。"于是，田忌遂将齐城、高唐二位大夫的部队分为两路，让他们直接前去攻打平陵。（结果，事情果然不出孙膑所料，）齐城、高唐二大夫的部队不仅没有能攻下平陵，反而遭到魏国环涂和挟莅驻军从后面的夹击，在半路上就被打得大败而回。

[原文] 将军忌子召孙子问曰："吾攻平陵不得而亡齐城、高唐，当术而蹶①。事将何为？"孙子曰："请遣轻车西驰梁郊②，以怒其气。分卒而纵之③，示之寡。"于是为之。庞子果弃其辎重，兼趣舍④而至。孙子弗息而击之桂陵⑤，而擒庞涓。故曰：孙子之所以为者，尽矣。四百六⑥

[注释] ① 蹶（jué）：原作"厥"，失败。 ② 梁郊：原作"梁郊"，即魏都大梁之郊。 ③ 纵：原作"从"。此句指放纵一些分散的士卒迷惑敌人。 ④ 兼趣舍：昼夜兼程急行军。趣，原为"取"，趋也。 ⑤ 弗息：不停顿。 桂陵：地名。一说在今河南长垣西北，一说在今山东菏泽东北。 ⑥ 四百六：此是竹简在篇末所标字数。下同。

[译文] 将军田忌召见孙膑问道："我军进攻平陵没有得手，又丧失了齐城、高唐二位大夫，（他们的部队）在半路上就崩溃了。下一步该怎么办呢？"孙膑说："请派遣轻捷战车迅速西进，直抵魏国都城大梁郊外，以激怒庞涓（，迫其从邯郸回军援救）。同时以少量士卒分散行动，以显示我兵力单薄（，而把主力隐蔽在桂陵附近，以逸待劳）。"于是，田忌按孙膑的谋划作了部署。庞涓果然（被激怒，）丢下辎重车辆，昼夜兼程回援大梁。孙膑（与田忌）也丝毫不敢停留，（率齐军迅速前往桂陵设伏，）并在桂陵大破魏军，活捉了庞涓。所以人们说，孙膑关于这一仗的谋划，真是达到尽善尽美的境界了。

[见威王]

[解题]

本篇记述孙膑初见齐威王时,向齐威王陈述自己对战争的看法。孙膑认为,一方面,战争不是可以永远依恃的手段——“乐兵者亡,而利胜者辱”,另一方面,战争是不可能完全避免的——“垂衣裳以禁争夺。此尧舜非弗欲也,不可得,故举兵绳之”。孙膑还指出,要取得战争的胜利,必须“事备而后动”;欲“城小而守固”,必须“有委”;欲“卒寡而兵强”,必须“有义”。此外,在本篇中孙膑还提出了“战胜而强立”的著名命题,认为“战胜”,方能“存亡国而继绝世”;“战败”,就会“削地而危社稷”。

据《史记·孙子吴起列传》记载,田忌将孙膑推荐给齐威王后,齐威王曾与孙膑讨论兵法,并任命他为将军。本篇的内容与这一记载正相吻合,故二者可以互参。

篇题为竹简整理小组所加。

[原文]

孙子见威王,曰:“夫兵者,非士恒势①也。此先王之傅②道也。战胜,则所以存③亡国而继绝世也。战不胜,则所以削地而危社稷④也。是故兵者不可不察。然夫乐兵者亡,而利胜者辱。兵非所乐也,而胜非所利也,事备而后动。故城小而守固者,有委⑤也;卒寡而兵强者,有义也。夫守而无委,战而无义,天下无能以固且强者。

[注释]

① 士:借为“恃”。一说同“事”。 势:原为“執”,下同。 ② 傅:借为“敷”,布、施。意指这是先王所传布的道理。一说“傅”为“传

(傳)"字之误。 ③ 存:原为"在"。 ④ 社稷:指国家。社,土神。稷(jì),原作"禝",谷神。 ⑤ 委:委积,即物资储备。

[译文]

孙膑晋见齐威王,说:"不能将用兵打仗当作可以永久依赖的手段。这是先王传下来的道理。仗打胜了,可以使处于危亡境地的国家得以继续存活下去,使将要灭绝的宗族世系得以继续延续下去。反之,仗打败了,则必须割让土地,甚至会进一步危及国家的生存。所以,对战争问题不能不认真加以考察和研究。然而(,从古至今),好战的人必将导致灭亡,贪图胜利的人必将遭受挫辱。用兵打仗不是什么好玩的事情,胜利也不可随意贪求。只有事先做好战争准备,然后开始行动(,才有可能取得胜利)。所以,城邑虽小但防守坚固,是因为有充分的物质准备;士卒虽少而战斗力强,是因为自己属于正义的一方。倘若防守而缺乏足够的物质准备,发动战争却属于非正义的一方,天下既没有如此而能固守的人,也没有如此而能使战斗力保持强大的人。

[原文]

尧有天下之时,黜①王命而弗行者七,夷②有二,中国③四。故尧伐负海之国而后北方民得不苛,伐共工而后兵寝④而不起,弛⑤而不用。其间数年,尧身衰而治屈,胥⑥天下而传舜。舜击谨兜⑦,放之崇⑧;击鲧⑨,放之羽⑩;击三苗⑪,放之危⑫;亡有扈氏⑬中国。有苗民存,独为弘⑭。舜身衰而治屈,胥天下而传之禹。禹凿孟门而通大夏⑮,斩八林而焚九□。西面而屏⑯三苗,□□……素佚而致⑰利也。战胜而强立,故天下服矣。昔者,神戎战斧遂⑱;黄帝战蜀禄⑲,尧伐共工,舜伐劇管⑳;汤放桀[21];武王伐纣;帝奄反[22],故周公践[23]之。

[注释]

①黜:原作"诎",废弃。 ②夷:中国古代东部地区诸部族的统称。 ③中国:指中原地区。 ④共工:传说中中国古代部族领袖。 寝:原作"寑",休止。 ⑤弛:原作"施",废除。 ⑥胥:皆,全部。 ⑦讙兜:原作"讙收",传说中的中国古代部族首领。 ⑧放:原作"方",放逐。 崇:原作"宗",即崇山,古代山名。 ⑨鲧:原作"归",传说中的中国古代部族首领。 ⑩羽:即羽山,古代山名。 ⑪三苗:传说中中国南方古代部族。 ⑫危:三危,古代地名。 ⑬有扈氏:原作"有户是",传说中中国古代部落。 ⑭独:原作"蜀"。 弘:疑"强"之误写。 ⑮孟门、大夏:皆古地名。 ⑯屏:原作"并"。 ⑰致:原作"至"。 ⑱神戎:即神农,传说中远古三皇之一。 斧遂:又称"补遂",传说中古代部族。 ⑲蜀禄:即涿鹿。 ⑳剶管:疑为古部落名。一说为三苗首领名。 ㉑汤:商朝开国国君。 放:原为"汸",流放。 桀:夏朝最后的国君。 ㉒帝:疑为"商"字之误。 奄:古代国名,为殷商的盟友。其地在今山东曲阜境内。 ㉓践:原作"浅",引申为镇压。

[译文]

唐尧统治天下时,废弃拒不执行王命的部族总共有七个,东夷地区有两个,中原地区有四个。所以,唐尧征伐远方靠海诸国,而后居住在北方地区的民众不再被骚扰;讨伐了共工,而后战争得以止息,废弛武备而不再运用。此后数年,唐尧由于身体衰老病弱,治理天下的能力差了,便把天下全部传给了虞舜。虞舜攻打讙兜,把他放逐到了崇山一带;攻打鲧,把他放逐到了羽山一带;攻击三苗,把他们放逐到了三危一带。(此外,虞舜还)在中原地区灭掉了有扈氏。三苗有一些部落得以保留下来,(后来逐渐)发展壮大起来。虞舜身体衰老病弱(之后),治理天下的能力也差了,便把天下全都传给了夏禹。夏禹开凿了通往中原的孟门,砍伐八处森林,焚烧九处……在西面屏退了三苗部落……(任何帝王都不能)无所作为，靠一贯安逸而获得好处。只有在战胜敌人、使自己强大起来站稳脚跟之后，天下才会归顺。以前，神农氏曾战胜补遂，黄帝曾在涿鹿战胜蚩尤，唐尧讨伐共工（并把他流放到了幽州），虞舜讨伐过劅管，商汤把夏桀流放（到了南巢），周武王讨伐商纣王（并迫其在鹿台自焚），商奄反叛之后周公曾率兵将其镇压。

[原文]

故曰，德不若五帝[①]，而能不及三王[②]，智不若周公[③]，曰我将欲积[④]仁义，式[⑤]礼乐，垂衣裳[⑥]以禁争夺[⑦]。此尧舜非弗欲也，不可得，故举兵绳[⑧]之。”

[注释]

① 五帝：共有三说。一为：黄帝、颛顼（zhuān xū）、帝喾（kù）、尧、舜；二为：太皞（伏牺）、炎帝（神农）、黄帝、少皞、颛顼；三为：少皞、颛顼、高辛（帝喾）、唐尧、虞舜。 ② 三王：指夏、商、周三代开国君主夏禹、商汤、周文王和武王。 ③ 智：原为“知”。 周公：西周初年政治家姬旦。 ④ 积：原作“责”。 ⑤ 式：即“用”。 ⑥ 垂：原为“垂”。裳：原为“常”。 ⑦ 夺：原为“掇”。 ⑧ 绳：纠正。

[译文]

所以说，那些德行不如五帝，才能不如三王，见识不如周公的人，却说什么我要凭借布施仁德信义、运用礼乐教化、力行垂拱无为（等等治理天下）的办法，来达到禁止征战杀伐的目的（，纯粹是一种空想）。这种做法，唐尧和虞舜并不是不想使用，而是根本办不到。所以，只好用战争手段解决问题。”

威王问

［解题］

本篇记述孙膑与齐威王、田忌讨论用兵问题时的相互问答。在回答齐威王的提问时，孙膑主要论述了在“两军相当，两将相望”、“我强敌弱，我众敌寡”、“敌众我寡，敌强我弱”、“我出敌出，未知众少”以及“击均”、“以一击十”等各种情况下的作战方法。在回答田忌的提问时，孙膑主要论述了“患兵”、“困敌”、“壁延不得”、“失天”、“失地”、“失人”的原因或条件以及什么是“兵之急者”；此外，孙膑还论述了“锥形”、“雁行”、“飘风”等各种阵法以及“篡卒力士者”、“劲弩趋发者”等不同兵种的功能和作用。

“必攻不守”是孙膑在回答田忌关于什么是“兵之急者”时提出的一个重要命题。但是，对“必攻不守”学术界有两种解释：一说指攻击敌人没有防守或防守虚弱的地方；一说指以主动进攻敌人为主，而不是以防御为主。

篇题原写在本篇第一简简背。

［原文］

齐威王问用兵孙子，曰：“两军相当，两将相望①，皆坚而固，莫敢先举，为之奈何？”孙子答②曰：“以轻卒尝③之，贱而勇者将之，期于北，毋期于得，为之微阵以触其侧④，是谓⑤大得。”

［注释］

① 相望：对恃。 ② 答：原为“合”。 ③ 尝：试探。 ④ 微阵：由小分队组成的隐蔽的战阵。微，弱小、隐蔽。 触：攻击。 侧：原为“厕”。 ⑤ 谓：原为“胃”。

［译文］ 齐威王向孙膑询问用兵的方法，说："两军实力相当，双方将领对峙相望，阵势都很坚固，谁也不敢率先发动进攻，应该怎么办呢？"孙膑回答说："以轻装步兵前去试探着进攻敌人，用地位虽低但作战勇敢的将领率领他们，只许他们败给敌人，不许他们战胜敌人。同时，以小分队隐蔽地前去攻击敌人的侧翼。这是（摸清敌情并进一步）大胜敌人的最好的办法。"

［原文］ 威王曰："用众用寡有道乎？"孙子曰："有。"威王曰："我强敌①弱，我众敌寡，用之奈何？"孙子再拜曰："明王之问。夫众且强，犹问用之，则安国之道也。命之曰赞师②。毁卒乱行，以顺其志，则必战矣。"威王曰："敌众我寡，敌强我弱，用之奈何？"孙子曰："命曰让威③。必藏④其尾，令之能归。长兵在前，短兵在□，为之流弩，以助其急者。□□毋动，以待敌疲⑤。"

［注释］ ① 敌：原为"适"，下同。 ② 赞师：似为寻敌决战的意思。赞，引导、进见。这里似可理解为引导、诱使敌人与己决战的意思。 ③ 让威：避开敌人的锋芒。 ④ 藏：原作"臧"。 ⑤ 待：原为"侍"。 疲：原作"能"。

［译文］ 齐威王问："使用众多兵力和使用少量兵力有规律可循没有？"孙膑回答说："有。"齐威王又问："我强敌弱，我众敌寡，应当怎样使用自己的兵力呢？"孙膑再次向威王行礼并回答说："这是英明的君王才会提出的问题。自己兵力众多而且战斗力强，还要问怎样用兵，这实在是使国家得以稳定和安全的正确做法。（这种情况下的用兵方法，可以）称之为'赞师'。（就是说，）要故意使自己的部队行列混乱，以迎合敌人的心

理,这样敌人必定会出兵与我交战(,使我军得以与之决战)。”齐威王(进一步)问道:“敌众我寡,敌强我弱,又应当怎样使用自己的兵力呢?”孙膑回答说:“这种情况下,用兵的方法称之为‘让威’。(就是说,)一定要隐藏自己的主力部队,使其(在必要时)便于撤退。把长兵器配置在前面,把短兵器配置在后面,再配置一些机动的弩兵,以随时用来支援情况危急的部队。(在一般情况下要按兵)不动,以待敌人疲惫(后再与之决战)。”

[原文]

威王曰:“我出敌出,未知众少,用之奈何?”孙子曰:“命曰险成①。险成,敌将为正②,出为三阵,一□[□□□]能相助,可以止而止,可以行而行,毋求……”威王曰:“击穷寇奈何?”孙子:“……可以待生计矣③。”威王曰:“击均④奈何?”孙子曰:“营而离⑤之,我并卒而击之,毋令敌知之。然而不离,按⑥而止。毋击疑⑦。”

[注释]

① 险成:与“赞师”、“让威”一样,均系《孙膑兵法》中的军事术语。意谓“虽险而又能成之”也。 ② 正:指常规、公开的作战方式。 ③ 待生计:似指以待敌人寻求生路。 ④ 均:原为“钧”,相等。 ⑤ 营:迷惑。 离:分离,离散。 ⑥ 按:原为“案”。 ⑦ 击疑:似指打击敌之疑兵。

[译文]

齐威王问道:“敌我双方都已出战,但却不知兵力对比如何,(在这种情况下)应当怎样用兵呢?”孙膑说:“(对付这种情况的战法)可以称为‘险成’。这种战法,当敌军将领按常规作战方式出战时,我方可摆出三种阵势,一是……这样能够相互援助,在可以停止时即停止,在可以行动时就行动,不要追求……”齐威王问道:“打击走投无路的敌人应该怎样用兵呢?”孙膑说:“……(不要过分逼迫敌人,要使敌人认为)尚有生存活路(,待其寻求生路时再予歼灭)。”齐威王问道:“打击势均力敌的敌人,应当怎样指挥?”孙膑说:“迷惑敌人,使其兵力分散,而我军则集中兵力予以攻击,切不可让敌人察觉我方的这种意图。如果敌人不分兵,我军就要按兵不动,不要贸然攻击情况不明的敌人。”

[原文]

威王曰:“以一击十,有道乎?”孙子曰:“有。攻①其无备,出其不意。”威王曰:“地平卒齐,合而北者,何也?”孙子曰:“其阵无锋②也。”威王曰:“令民素听,奈何?”孙子曰:“素信。”威王曰:“善哉③!言兵势不穷。”

[注释]

① 攻:原为“功”。 ② 锋:原为“逢”。 ③ 哉:原为“戈”。

[译文]

齐威王问道:“以一击十,有什么规律吗?”孙膑回答说:“有。要在敌人没有防备时发起攻击,使其感到出乎意料。”齐威王问道:“地势平坦,卒伍整齐,一交锋却失败了,这是什么原因呢?”孙膑回答说:“这是因为阵势中没有选拔精锐的将士做前锋。”齐威王问道:“要让士卒平时养成服从命令的习惯,应该怎么办?”孙膑回答说:“(将领)必须一贯严守信用。”齐威王说:“太好了!你所谈的用兵方略,的确奥妙无穷。”

[原文]

田忌问孙子曰:“患兵者何也?困敌者何也?壁延①不得者何也?失天者何也?失地者何也?失人者何也?请问此六者有道乎?”孙子曰:“有。患兵者地也,困敌者险也。故曰,三里沮洳②将患军……涉将留大甲③。故曰,患兵者地也,困敌者险也,壁延不得者䨲寒④也。□……奈何?"孙子曰:"鼓而坐之⑤,十而揄之。"田忌曰:"行阵已定,动而令士必听,奈何?"孙子曰:"严而示⑥之利。"

[注释]

① 壁延:一说为"辟易"之音变,指退避的意思。一说指壁垒沟堑。壁,即城墙、壁垒。延,指隧道,这里专指沟堑或护城河。这里取后说。 ② 沮洳(jù rù):指沼泽泥泞地带。沮,原为"瀸"。③ 大甲:一说指全副武装、铠甲坚厚的士卒;一说指大部队;一说指兵车上的众多甲士。这里取后说。 ④ 䨲寒:一说借为渠幨,即渠襜,亦称渠答,一种张在城上遮蔽矢石的设备。一说渠答即蒺藜,古代用木或金属制成的障碍物,作战时布在地上以阻止敌人行进,因其形状像蒺藜的果实,故名。一说"䨲寒"应为"渠塞",指沟渠隘塞。这里取前说。 ⑤ 鼓而坐之:击鼓诱敌但却令士卒坐阵不前。 ⑥ 示:原为"视",显示。

[译文]

田忌问孙膑说:"妨碍军队行动的是什么?能使敌人陷入困境的是什么?不能攻克壁垒沟堑的原因是什么?丧失天时的原因是什么?丧失地利的原因是什么?丧失人心的原因是什么?请问解决这六个问题有什么规律可循吗?"孙膑回答说:"有。妨碍军队行动的是不利的地形,能陷敌于困境的是险关要隘。所以说,方圆三里的沼泽泥泞地形就会给部队行动造成巨大的妨碍,……要涉水渡河,大批的战车甲士则将被迫留下。所以说,妨碍军队行动的是不利的地形,能陷敌于困境的是险关要隘。至于壁垒沟堑不能攻克,是因为上面布设有渠答等防御设施……"(田忌问道:")……怎么办?"孙膑回答说:"击鼓进军,却命令士卒坐阵不前,采用多种方法调动敌人(,诱使敌人主动出击)。"田忌问道:"部队阵势的部署已经完成,要让士卒在行动时听从命令,应该怎么办呢?"孙膑回答说："在严明军纪的同时，让士卒看到服从命令给自己带来的好处。"

［原文］

田忌曰："赏罚者，兵之急者邪[1]？"孙子曰："非。夫赏者，所以喜众，令士忘死也。罚者，所以正乱，令民畏上也。可以益胜，非其急者也。"田忌曰："权、势、谋、诈，兵之急者邪？"孙子曰："非也。夫权者，所以聚众也。势者，所以令士必斗也。谋者，所以令敌无备也。诈者，所以困敌也。可以益胜，非其急者也。"田忌忿然作色："此六者皆善者[2]所用，而子大夫[3]曰非其急者也。然则其急者何也？"孙子曰："料[4]敌计险，必察远近，……将之道也。必攻不守，兵之急者也。□……骨也。"

［注释］

① 邪：原为"耶"。 ② 善者：这里指善战者。 ③ 子大夫：这里指孙膑。子，古代对人的敬称。 ④ 料：原为"缭"。

［译文］

田忌问道："赏罚严明，是用兵时最要紧的事情吗？"孙膑回答说："不是。奖赏可以（鼓励士卒，）使士卒高兴，并因此而拼死作战。惩罚可以（整顿军纪，）使士卒不敢捣乱，并因此而敬畏官长。这些，都有助于胜利，但却不是最要紧的事情。"田忌问道："权、势、谋、诈，是用兵时最要紧的事情吗？"孙膑回答说："不是。权力，可以用来调集军队；形势，可以让士卒必然投入战斗；阴谋，可以让敌人毫无防备；诡诈，可以让敌人陷入困境。这些，都有助于夺取胜利，但却不是用兵时最要紧的事情。"田忌很气忿，脸色都变了，说："这六个方面的问题，都是善战者所重视并注意妥善解决的，而你却说不是最要紧的。那么，在用兵方面什么是最要紧的呢？"孙膑回答说："了解敌军情况，研究地形险易，考察距离远近……是为将之道。坚决打击敌人防御空虚的地方，这才是在用兵方面最要紧的……”

［原文］

田忌问孙子曰：“张军毋战有道？”孙子曰：“有。倅险增垒①，诤戒毋动②，毋可□前，毋可怒。”田忌曰：“敌众且武，必战有道乎？”孙子曰：“有。埤垒广志③，严正辑众④，避⑤而骄之，引而劳之，攻其无备，出其不意，必以为久。”

［注释］

① 倅险增垒：凭借险要，增高壁垒。倅，通“萃”，止、处的意思。增，原作“赠”。 ② 诤戒毋动：加强戒备，不得妄动。诤(zhèng)，劝告、谏止。戒，戒备。 ③ 埤垒广志：加固壁垒，广思谋略。埤(pí)，增加、加强；一说指城垛。 ④ 严正辑众：严明军纪，以整饬部众、团结士卒。正，同“政”。 ⑤ 避：原为“辟”。

［译文］

田忌问孙膑说：“（双方都已）出动军队并摆开了阵势，（但我却）不想与敌人交战，有什么好办法没有？”孙膑回答说：“有。凭借险要地形，增高壁垒，加强戒备，不轻易采取行动。不可（因被敌人诱惑而主动）向前，不可（被敌人所）激怒。”田忌问：“敌人兵多而且战斗力强，我方要做到有备无患，有什么办法吗？”孙膑回答说：“有。加固壁垒，广思良谋，严明军纪，激励、团结士卒，避敌锐气，使其骄纵，引诱敌军频频调动，疲于奔命，攻其无备，出其不意，一定要运用这些办法坚持与敌人持久作战。”

［原文］

田忌问孙子曰：“锥行①者何也？雁行②者何也？选卒力士③者何也？劲弩趋发者何也？飘风之阵④者何也？众卒者何也？”孙子曰：“锥行者，所以冲坚毁锐[5]也。雁行者，所以触侧应□[也]。选卒力士者，所以绝阵取将也。劲弩趋发者，所以甘[6]战持久也。飘风之阵者，所以回□[□□也]。众卒[7]者，所以分功有胜也。”孙子曰：“明主、知道之将，不以众卒几[8]功。”

[注释] ① 锥行：指锥形阵。行，同“形”。下同。 ② 雁行：指雁形阵。雁，原为“鴈”。 ③ 选卒：原为“篡卒”，指挑选士卒。篡，借为“选”。 ④ 飘风之阵：具体阵形不详。与上文之锥形阵、雁形阵皆为古代军阵名。飘，原为“剽”。 ⑤ 锐：原为“兑”。 ⑥ 甘：同“酣”。 ⑦ 众卒：与选卒相对，指一般士卒。 ⑧ 几：期望，倚仗。

[译文] 田忌问孙膑道：“锥形阵的作用是什么？雁形阵的作用是什么？挑选精锐士卒的作用是什么？强弩急射的作用是什么？飘风阵的作用是什么？一般士卒的作用是什么？”孙膑回答说：“锥形阵，是用来冲击敌人坚阵、打垮敌方精锐的；雁形阵，是用来袭击敌军侧翼、应付……的；挑选精锐士卒，目的是用他们来突破敌阵、擒杀敌将；强弩急射，目的是借以与敌人持久酣战；飘风阵，是用来回……的；一般士卒，用来分担一定的作战任务，以帮助（精锐士卒）夺取胜利。”孙膑说：“贤明的君主和通晓作战规律的将帅，都不期望依靠一般士卒去获取胜利。”

[原文] 孙子出而弟子问曰：“威王、田忌，臣主之问何如？”孙子曰：“威王问九，田忌问七，几[1]知兵矣，而未达于道也。吾闻素信者昌，立义……用兵无备者伤，穷兵[2]者亡。齐三世[3]其忧矣。”

[注释] ① 几：接近，差不多。 ② 穷兵：穷兵黩武。 ③ 三世：三代。

世,原为“枼”。一说,“三”应作概数解,“三世”也就是几代的意思;一说,齐国在威王、宣王时国势很强,至缗王末年为燕国战败之后,国势遂衰,前后恰为三世,故而本篇可能是孙膑后学所撰。这里从前说。

[译文] 孙膑从齐威王和田忌那里出来之后,弟子们向他问道:“威王和田忌君臣二人所提出来的问题怎么样?”孙膑回答说:“齐威王问了九个问题,田忌问了七个问题,他们差不多能通晓用兵了,但是还没有达到能准确把握用兵规律的水平。我听说,能一贯讲求信义的,国家必然昌盛,伸张正义……。好用兵而平时又缺乏战争准备的,国家必然会受到损害;凡穷兵黩武的,国家最终必定必亡。(照这样下去,)齐国几代之后命运就很值得忧虑了。”

* * * * * *

[原文]

……善则敌为之备矣。”孙子曰……

……孙子曰:“八阵已陈……

……□毋待三日□……

……也。孙子曰:“战……

……□威王曰……

……道也。”田忌……

陈忌问垒

[解题]

本篇记述了田忌与孙膑之间关于筑垒和防守等战术技术问题的讨论,但由于简文残缺太多,全貌已无法了解。从现存简文仅可看出,孙膑论述了部队在来不及构筑营垒的紧急情况下应当如何恰当地配置兵力并合理地利用和发挥各种兵器械具性能的具体方法,如“长兵次之”、“钬次之”、“短兵次之”、“弩次之”和以“蒺藜”当“沟池”、“车”当“垒”、“发”当“埤堄”等。孙膑特地说明,这是他所以能成功地“应猝窘处隘塞死地之中”并“取庞[涓]而擒太子申”的原因所在。

篇名原写在本篇第一简简背。陈忌,即田忌,陈、田二字古代音近通用。垒,古代军营四周构筑的防御工事,一般为木栅或土墙,情况紧急来不及构筑时也可临时以战车串连而成。

[原文]

田忌问孙子曰:“吾卒少不相见,处此若何?”曰:“传令趣弩舒弓①,弩□□□□□……不禁,为之奈何?”孙子曰:“明将之问也。此者人之所过②而不急也。此□之所以疾……志也。”田忌曰:“可得闻乎?”曰:“可。用此者,所以应猝窘处隘塞死地之中③也。是吾所以取庞[□]而擒太子申④也。”

[注释]

① 趣:迅速。舒:引,展。 ② 过:忽略过去。 ③ 猝窘:原为“卒窘”,仓促窘迫之意。 隘塞死地:险隘阻塞不利部队生存的地形。 ④ 庞:后应为“涓”或“子”,即庞涓,此役战败自杀。 太子申:魏惠王的长子,在马陵之战中为齐军所杀。太,原为“泰”。

[译文] 田忌问孙膑说:“我军兵力不够多,彼此又联络、接应不上,在这种情况下应该怎么办?”接着又问道:“传令士卒们迅速引弩开弓,弩……不能制止,应该怎么办?”孙膑说:“这是明智的将帅所提出的问题,一般人常常忽略过去而并不感到着急、担心。这是用来迅速……”田忌说:“能讲给我听听吗?”孙膑回答道:“可以。这种办法,是用来应付突然发生的不利情况或处于不利生存的险隘阻塞地形之中的,同时,也是我们所以能战胜魏军并擒获庞涓和太子申的原因。”

[原文] 田忌曰:“善。事已往而形①不见。”孙子曰:“蒺藜②者,所以当沟③池也。车者,所以当垒[也]。[□□者],所以当堞④也。发⑤者,所以当俾堄⑥也。长兵次之,所以救其隋⑦也。鏦⑧次之者,所以为长兵[□]也。短兵次之者,所以难其归而邀⑨其衰也。弩次之者,所以当投机⑩也。中央无人,故盈之以□……卒已定,乃具其法。制曰:以弩次蒺藜,然后以其法射之。垒上弩戟分⑪。法曰:见使谍⑫来言而动□……□去守五里置候⑬,令相见也。高则方之,下则圆⑭之。夜则举鼓,昼则举旗。”

[注释] ① 形:原为“刑”。 ② 蒺藜:原为“疾利”。 ③ 沟:原为“螨”。 ④ 堞(dié):雉堞,城墙上的矮墙,亦即女墙。 ⑤ 发:疑同“蕟”,音 fá,一种盾牌。 ⑥ 俾堄(pì nì):即“埤堄”,城墙上有射孔的矮墙,俗称城垛。 ⑦ 隋:同“隳”,音 huī,危急。 ⑧ 鏦(cōng):原作“从”,一种有短柄的矛。 ⑨ 邀:原为“徼”,拦击。 ⑩ 投机:原为“投几”,指机动灵活地打击敌人。 ⑪ 弩戟分:弩与戟各占一半。 ⑫ 谍:原作“枼”,间谍。 ⑬ 置候:原作“直候”,设置斥候(观察哨)。 ⑭ 圆:原为“员”。

［译文］

田忌说："您说得很好。（但）事情已经过去，当时的情形已无法再见到了。"孙膑说："（我可以为您描述一下：）蒺藜可以用来作为沟堑和护城河，战车可以用来作为壁垒，……可以用来作为雉堞，盾牌可以用来作为埤堄。（在上述工事）后面配备长兵器，以用来援救危急之处；配置鈲等较短兵器，以用来接济长兵器；配置短兵器，以用来断敌归路、阻击疲惫之敌；弩配置在最后，以用来机动灵活地打击敌人。中间部位无人，用……加以充实……兵力部署已毕，然后确定具体打法。按照制度规定：弓弩配置在蒺藜后面，并且必须按要求发射。壁垒上弩和戟要各占一半。兵法上说，要等见到派出去的间谍回来报告后再行动，……在离防守之地五里的地方设置观察哨，以便能相互看见信号。高处观察哨所要筑成方形，低处哨所要筑成圆形。还要夜间击鼓、白天举旗（，随时进行联系）。"

*　*　*　*　*　*

［原文］

……田忌问孙子曰："子言晋邦之将荀息、孙轸[1]之于兵也，未□……

……无以军恐不守。"忌子曰："善。"田忌问孙子曰："子言晋邦之将荀息、孙［轸］……

……轸为晋要秦于崤，溃秦军，获三帅[2]□……

……强晋，终秦缪公之身，秦不敢与……

……也，劲将之阵也。"孙子曰："士卒……

……田忌曰："善。独行之将也。……

……人。"田忌请问兵情奈何……

……言而后中。”田忌请问……

……兵情奈何。孙子……

……请问兵伤□……

……见弗取。”田忌服问孙……

……橐□□□焉。”孙子曰：“兵之□……

……□应之。”孙子曰：“伍□……

……□孙子曰：“□……

……□见之。”孙子……

……以也。”孙……

……□孙子……

……明之吴越③，言之于齐④。曰知孙氏之道者，必合于天地。孙氏者……

……求其道，国故长久。”孙子……

……田忌请问知道奈何。孙子……

……而先知胜不胜之谓知道。□战而知其所……

……所以知敌，所以曰智。故兵无……

［注释］ ① 荀息：春秋时晋国名将。公元前658年曾向晋献公献假道伐虢之计。 孙轸（zhěn）：即先轸，亦称原轸。春秋时晋国名将，曾任晋文公的中军元帅，并于公元前632年的城濮之战中大败楚军，后在与狄人作战时战死。 ② 获：原为“濩”。 帅：原为“衠”。 ③ 明之吴越：指孙武为吴王阖闾将军时，曾运用他的军事理论成功地指导过吴楚与吴越之间的战争。 ④ 言之于齐：指孙膑曾为齐威王的军师，其军事理论在齐魏桂陵之战和马陵之战的实践中取得重大胜利。

篡卒

[解题]

本篇论述了关系战争胜负的一些重要因素。孙膑认为，要想使军队强大，必须“篡卒”；军队“恒胜”的原因有五个，即“得主专制”、“知道”、“得众”、“左右和”、“量敌计险”；军队“恒不胜”的原因也有五个，即“御将”、“不知道”、“乖将”、“不用间”、“不得众”。本篇所论，与《孙子兵法·计篇》有许多相一致的地方，可以参看。

篇题原写在本篇第一简简背。篡，挑选。篡卒，挑选士卒的意思。

[原文]

孙子曰：“兵之胜在于篡卒，其勇在于制，其巧在于势，其利在于信，其德在于道，其富在于亟归①，其强在于休民，其伤在于数战②。”孙子曰：“德行者，兵之厚积也。信者，兵[之]明赏也。恶战③者，兵之王器④也。取众者，胜□□□也。”

[注释]

① 亟归：速归。指速战速决，使部队能尽快回到国内。 ② 数战：频繁征战。 ③ 恶（wù）战：厌恶战争，不好战。 ④ 王器：王者之器。

[译文]

孙膑说：“军队的优胜、强大在于精选士卒，军队的勇猛敢战在于法纪严明，军队的机智灵活在于懂得因势利导，军队的战斗力坚强在于赏罚有信，军队的政治素质优良在于管理教育，军队的物资供应充裕在于每次用兵能速战速决，军队的强盛不衰在于能及时休整，军队所以受到损害在于长期频繁的征战。”孙膑说：“良好德行是军队长期积累的结果，良好信用是军队靠严明奖赏建立的，厌恶战争是王者用兵时所尊奉的根本原则，得到士卒拥护是获取胜利的……”

［原文］

孙子曰：“恒胜①有五：得主专制②，胜；知道，胜；得众，胜；左右和，胜；量敌计险③，胜。”孙子曰：“恒不胜有五：御将④，不胜；不知道，不胜；乖⑤将，不胜；不用间，不胜；不得众，不胜。”孙子曰：“胜在尽□，明赏，选⑥卒，乘敌之□。是谓泰武之葆⑦。”孙子曰：“不得主弗将也。……”

［注释］

① 恒胜：经常获胜。 ② 得主专制：得到君主信任，能临机决断、独立指挥，不受君主的制约。专，原为“刌（剸）”。 ③ 量敌计险：原作“粮适计险”。 ④ 御将：与“得主专制”相反，指将从中御。⑤ 乖：离，异。此处指将帅不和。 ⑥ 选卒：原作“撰卒”，同“篡卒”。 ⑦ 泰武之葆：即“太武之宝”，胜利法宝的意思。泰，同“太”，大。葆，同“宝”；一说同“保”，保障的意思，亦通。

［译文］

孙膑说：“军队保持常胜不败的条件有五个：将帅得到君主信任，可以临机决断、独立指挥而不受制约的，能获胜；将帅懂得用兵之道的，能获胜；将帅得到士卒拥护和信赖的，能获胜；将帅之间团结和睦的，能获胜；将帅善于分析判断敌情地形的，能获胜。”孙膑说：“军队老打败仗的原因也有五个：将帅受到君主内臣牵制而不能独立指挥的，不能获胜；将帅不懂得用兵之道的，不能获胜；将帅之间不团结不和睦的，不能获胜；将帅不用间谍、不对敌情地形进行侦察分析的，不能获胜；将帅不受士卒拥护、信赖的，不能获胜。”孙膑说：“胜利在于尽……明赏罚、选精卒、善于利用敌人的……这是保证军队战无不胜的法宝。”孙膑说：“得不到君主的信任，就不要带兵打仗……”

*　*　*　*　*　*

［原文］

……□□令，一曰信，二曰忠，三曰敢。安忠[1]？忠王。安信？信赏。安敢？敢去不善。不忠于王，不敢用其兵。不信于赏，百姓弗德[2]。不敢去不善，百姓弗畏[3]。二百卅五

［注释］

① 安：疑问代词。相当于现代汉语的“哪里”、“什么”。　② 百姓：此指士兵。姓，原为“生”。　③ 畏：敬服。

月战

[解题]

本篇论述了战争与天时、地利、人和的关系，提出了“间于天地之间，莫贵于人”的重要观点。但同时，作者又认为，战争胜负与日、月、星存在关系。古人认为，月主阴，象征刑杀，所以用兵宜在月盛之时。这显然是一种迷信说法。这说明，孙膑虽是一位朴素的唯物主义军事思想家，但也难免在一定程度上受到时代的某些局限。

篇题原写在本篇第一简简背。

[原文]

孙子曰：“间于天地之间，莫贵于人。战□□□人不单①。天时、地利、人和，三者不得，虽胜有殃②。是以必付与而□战，不得已而后战。故抚③时而战，不复使其众④。无方⑤而战者，小胜以付磿者也⑥。”

[注释]

① 战□□□人不单：此处可能是说影响战争胜利的因素不是单一的。 ② 殃：原作“央”。 ③ 抚：原为“扰（撫）”，遵循。 ④ 复：反复。 ⑤ 无方：指没有得到天时、地利、人和等全部条件的辅助。方，借为“旁”；旁，通“傍”，依、附的意思。 ⑥ 付：通“附”。 磿（lì）：同“历”。此指天时方面的历数。

[译文]

孙膑说：“在天地之间，没有比人更宝贵的了。……天时、地利、人和三个方面的条件都不具备，即使打了胜仗也会有祸患。所以必须三方面的条件全部具备之后才出战，必须在不得不战的情况下才出战。因此，顺应天时而战，就（可以一战而胜，从而）不需要反复使用自己的部队。不具备天时、地利、人和的有利条件而出战，（有时所以）能获得小胜，那是因为得到了天时中历数的帮助。”

［原文］

孙子曰：“十战而六胜，以星①也。十战而七胜，以日者也。十战而八胜，以月者也。十战而九胜，月有……［十战］而十胜，将善而生过②者也。一单……”

［注释］

① 星：星德。指借助于星德的有利条件。以下“日”、“月”同。② 过：超过。意谓将领善战的作用超过了“天时”的作用。一说，“过”指过头，疑借为“祸”，是说多次获胜并不是好事。这里取前说。

［译文］

孙膑说：“十次作战六次取胜，是因为借助了星德的有利条件的缘故。十次作战七次取胜，是因为借助了日德的有利条件的缘故。十次作战八次取胜，是因为借助了月德的有利条件的缘故。十次作战九次取胜，是因为月……十次作战十次取胜，是因为将领勇敢善战自身的作用超过以上诸德的缘故……”

*　　*　　*　　*　　*　　*

［原文］

……所不胜者也五，五者有所壹，不胜。故战之道，有多杀人而不得将卒者①，有得将卒而不得舍②者，有得舍而不得将军者，有覆③军杀将者。故得其道，则虽欲生不可得④也。八十

［注释］

① 得：俘获之意。　将卒：低级军官。　② 舍：营舍。　③ 覆：原为“复”。　④ 虽欲生不可得：这里是指敌人而言。

八阵

［解题］

在本篇前一部分，孙膑论述了“王者之将”应当具备的各种条件，并着重强调了“知道”的重要意义和具体内容；在后一部分，作者指出，作战应根据敌情与地形，选用不同的阵法，恰当地部署、运用兵力和兵器械具，并灵活指挥战斗。

篇题原写在本篇第一简简背。八阵，古代对各种阵势的通称。并非仅指八种阵势。

［原文］

孙子曰：“智①不足，将兵，自恃②也。勇不足，将兵，自广也。不知道、数战不足③，将兵，幸也。夫安万乘国④，广万乘王，全万乘之民命者，唯知道。知道者，上知天之道，下知地之理，内得其民之心，外知敌之情⑤，阵则知八阵之经，见胜而战，弗见而诤⑥。此王者之将也。”

［注释］

① 智：原为“知”，指智谋。 ② 恃：原为“侍”。 ③ 数战不足：指没有打过几次仗，没有什么作战经验。 ④ 万乘国：指可以出动上万辆兵车的国家。 ⑤ 情：原为“请”。 ⑥ 诤：疑同“静”，静止不动。一说，为“止”，亦通。

［译文］

孙膑说：“智谋不多的人，却要领兵打仗，这是因为他自负、逞能。勇气不够的人，却要领兵打仗，这是因为他盲目自大。既不懂得用兵之道，又没有足够的实战经验的人，却要领兵打仗，这是因为他企图靠运气侥幸取胜。要想保证万乘之国的安全、扩大万乘之国君主的声威、保全万乘之国人民生命的人，必须懂得用兵之道。所谓懂得用兵之道，就是要上通天文，下懂地理，内得本国人民之心，外知敌人各方面情况，布阵时懂得各种阵法的要领，有必胜的把握就打，没有必胜的把握就不打。这才可以称得上是‘王者之将’。”

［原文］ 孙子曰：“用八阵战者，因地之利，用八阵之宜。用阵三①分，诲阵有锋，诲锋有后②，皆待令而动，斗一，守二。以一侵敌，以二收③。敌弱以④乱，先其选卒以乘之。敌强以治，先其下卒⑤以诱之。车骑与战者，分以为三，一在于右，一在于左，一在于后，易⑥则多其车，险则多其骑，厄⑦则多其弩。险易必知生地、死地⑧，居生击死。”二百一十四 八阵

［注释］ ① 三：原为“参”。 ② 诲阵有锋，诲锋有后：不论布成那种阵势，都必须既有前锋部队，又有后续部队。诲，疑同“每”。锋，原分别为“蜂”和“逢”，指前锋。 ③ 以二收：即以三分之二的兵力解决战斗。 ④ 以：犹言“而”。 ⑤ 下卒：与选卒相对，即战斗力弱的士卒。 ⑥ 易：平地。 ⑦ 厄（ài）：同“隘”，指险要地形。 ⑧ 生地：有利地形。 死地：不利地形。

［译文］ 孙膑说：“运用不同的阵法作战，要根据地形的有利条件，采用各种阵法中最适宜的那一种阵法。布阵时，兵力要一分为三，每阵一定要有前锋，每支前锋要配备后续部队；所有部队都要待命而动，以三分之一的兵力交战，以三分之二的兵力守住阵脚。要以三分之一的兵力突击敌阵，以三分之二的兵力解决战斗。敌人战斗力弱而且阵势混乱，就要先用

精锐的选卒乘机去攻击它。敌人战斗力强而且阵势严整，就要先用战斗力弱的下卒去引诱它。有车兵、骑兵参加作战时，也要一分为三：一部分在左翼，一部分在右翼，一部分在后面。地势平坦要多用车兵，地势险峻要多用骑兵，地势狭窄隘塞要多用弩兵。无论地势平坦还是险要，都要清楚哪是‘生地’哪是‘死地’，要占据有利的‘生地’，打击处于‘死地’的敌人。”

地葆

［解题］

本篇从军事角度论述了各种地形条件和植被条件的优劣，提出了“表”、“里”、“纲”、“纪”、“生山”、“死山”、“生水”、“死水”以及“五地之胜”、“五草之胜”、“五壤之胜”、“五地之败”、“五地之杀”等概念。

篇题原写在篇末。葆，通“宝”。地葆，指行军作战要以正确地利用地形为宝。一说：葆，通“保”。地葆，指地形对作战胜利的保障作用。这里采用前说。

［原文］

孙子曰：“凡地之道，阳①为表，阴②为里，直者为纲③，术者为纪④。纪纲则得，阵乃不惑。直者毛产⑤，术者半死。凡战地也，日其精也，八风⑥将来，必勿忘也。绝水⑦、迎陵、逆流⑧、居杀地⑨、迎众树者，均举⑩也，五者皆不胜。南阵⑪之山，生山也。东阵之山，死山也。东注之水，生水也。北注之水，死水。不流⑫，死水也。

［注释］

① 阳：指高亢明敞的地形。 ② 阴：指低洼幽暗的地形。 ③ 纲：原为“刚”。 ④ 术：指错综复杂的地形。 纪：与“纲”相反，指次要部分。 ⑤ 毛产：指大地所生长的草木植物。意谓百草五谷多，易供部队食用。与下文“半死”相对。 ⑥ 八风：八方之风。古人认为风的方向、大小、疾徐与战事胜负有关。 ⑦ 绝水：渡水。 ⑧ 逆流：原作“逆溜”，指处于水之下游。 ⑨ 杀地：不利地形。 ⑩ 均：原为“钧”，二者同。 举：攻克，攻占。 ⑪ 南阵：布在山之南侧的阵势。 ⑫ 流：原作“留”。

[译文] 孙膑说："地形方面的一般道理是，高亢向阳的地形为'表'，低洼幽暗的地形为'里'，平坦开阔的地形为'纲'，错综复杂的地形为'纪'。了解了纪纲的道理，布阵用兵才不会迷惑。平坦开阔的地方五谷百草茂盛(，部队粮草供应易于得到补给)；错综复杂的地方五谷百草较少(，部队粮草供应容易匮乏)。大凡在作战地区，日照条件非常重要，八方之风的方向、大小、疾徐也千万不要忽略。横渡江河，面向山陵，处于江河下游，处于不利的'杀地'，面对树林，在这五种情况下(作战都十分不利，)有可能导致失败。将阵势布在山之南侧，这是有利的'生山'。将阵势布在山之东侧，这是不利的'死山'。向东流淌的河水，是有利的'生水'。向北流淌的河水，是不利的'死水'。根本不流动的水，也是不利的'死水'。

[原文] 五地之胜曰：山胜陵，陵胜阜①，阜胜陈丘②，陈丘胜林平地③。五草之胜曰：藩④、棘、椐⑤、茅、莎⑥。五壤之胜：青胜黄，黄胜黑，黑胜赤，赤胜白，白胜青。五地之败曰：溪⑦、川、泽、斥⑧。五地之杀曰：天井、天宛⑨、天离⑩、天隙⑪、天柖⑫。五墓⑬，杀地也，勿居也，勿□也。春毋降，秋毋登⑭，军与阵皆毋政⑮前右，右周毋左周⑯。"地葆 二百

[注释] ① 阜：小土山。 ② 陈丘：连绵起伏的小土丘。 ③ 林平地：即平川地。 ④ 藩：篱笆。这里指长得像篱笆般的灌木丛。 ⑤ 椐：灵寿木。这里泛指这类小乔木。 ⑥ 莎：即香附子。这里指长势较低的草地。此处言"五地之败"，但只有四"败"，似缺一"败"。 ⑦ 溪：原作"谿"。 ⑧ 斥：盐碱地。此处原文有脱漏。 ⑨ 天宛：指三面环山易进难出的地形。 ⑩ 天离：即"天罗"，指草木丛生、难以通过的地形。 ⑪ 天隙：原作"天埢"。指两边峭壁耸峙中间峡谷一线的地形。 ⑫ 天柖：指地势低洼、行动不便的地形。

⑬ 五墓:指上述五种杀地。 ⑭ 降:由高向低迁移。 登:由低向高迁移。 ⑮ 政:通“正”。 ⑯ 右周、左周:疑指山陵高地在军阵的右侧或左侧。底本注释引《孙子占》云:“三军方行,大风飘起于军前。右周绝军,其将亡;右周中,其师得粮。”(《太平御览》卷三二八)其中虽有“右周”字样,但不仅语涉迷信,而且仍令人费解。

[译文]

五种地形的优劣比较是:山地优于高陵地,高陵地优于土山,土山优于丘陵,丘陵优于平川。五种有利于作战的草木依次是:像篱笆一样丛生的灌木、丛生的荆棘、丛生的小乔木、长势较高的茅草、长势低矮的莎草。五种土壤的优劣比较是:青土胜于黄土,黄土胜于黑土,黑土胜于红土,红土胜于白土,白土胜于青土。五种可导致失败的地形是:溪流、河川、沼泽、盐碱地和……五种可造成覆灭结局的地形是:(四面高中间低的)‘天井’,(三面环山易进难出的)‘天宛’,(草木茂密、难以通过的)‘天离’,(两边峭壁耸峙、中间峡谷一线的)‘天隙’,(地势低洼、行动不便的)‘天柖’。这五种地形被称之为‘五墓’,是不利的‘杀地’,军队不能驻扎在里边,不能……春夏不可从高处往低处迁移、安营,秋冬不要从低处往高处迁移、安营。军队驻扎和布阵都不要正面对着山地或在右侧对着山地,要使自己的右后侧有山陵高地包绕,不要使自己的左后侧有山陵高地包绕。”

势备

［解题］

本篇以剑、弓弩、舟车、长兵器为比喻，分别说明阵、势、变和权在军事上的作用。孙膑认为，阵、势、变、权系用兵的四项基本原则，全面了解并彻底掌握了这些原则，就可以“破强敌，取猛将”。此外，作者还以鸟兽“喜而合，怒而斗”为比喻，说明战争之不可避免。

篇题原写在本篇第一简简背。

［原文］

孙子曰：“夫含①齿戴角，前爪后距②，喜而合，怒而斗③，天之道也，不可止也。故无天兵④者自为备，圣人之事也。黄帝作剑，以阵象之。羿⑤作弓弩，以势象之。禹作舟车，以变象之。汤、武⑥作长兵，以权象之。凡此四者，兵之用也。何以知剑之为阵也？旦暮⑦服之，未必用也。故曰，阵而不战，剑之为阵也。剑无锋⑧，虽孟贲⑨［之勇］，不敢□□□。阵无锋，非孟贲之勇也敢将而进者，不知兵之至也。剑无首铤⑩，虽巧士不能进［□］□。阵无后，非巧士敢将而进者，不知兵之情者。故有锋⑪有后，相信不动，敌人必走。无锋无后，……□券不道。

［注释］

① 含：原为“陷”，属假借。 ② 爪：原为“蚤”。 距：原为“锯”。 后距：指雄鸡等禽类爪后突出像脚趾的部分。 ③ 斗：原为

“斲”。 ④ 天兵：指禽兽的坚爪利齿等天然武器。 ⑤ 羿（yì）：原作“笄”，即后羿。 ⑥ 汤、武：指商汤和周武王。 ⑦ 旦暮：早晚。暮，原为“莫”。 ⑧ 锋：原为“封”。 ⑨ 虽：原为“唯”。孟贲（bēn）：战国时的勇士。此处为泛指。 ⑩ 首铤（tǐng）：即剑把。⑪ 锋：原作“蜂”。

［译文］ 孙膑说：“凡是长着锐利牙齿、坚固头角、锋利前爪和有力后距的（鸟兽），高兴时便聚在一起，发怒时便相互争斗，这是（合乎自然之性而）不能禁止的事情。所以，没有天然兵器的人类就自己制作，这便是圣人的事情了。黄帝造剑，可以用来比喻军阵；后羿制弓弩，可以用来比喻兵势；大禹创舟车，可以用来比喻灵活机变；商汤和周武王发明长柄兵器，可以用来比喻利害权衡。这四个方面，都是兵学原理的具体体现。何以知道剑是用来比喻军阵呢？（因为剑）早晚都要佩带在身上，但并不一定使用。所以说，布好阵势但并不交战，这就是剑可以用来比喻军阵的道理。剑没有锋刃，即使像孟贲那样的勇士也不敢……。军阵没有前锋，又没有孟贲那样的勇气，（在这样的情况下）还敢领兵进攻敌人，那可实在是太不懂得用兵之道了。剑没有把柄，即使是精于技击的战士也不能……军阵没有后卫部队，又不是精于技击的武士，（在这种情况下）还敢领兵进攻敌人，那可实在是太不懂得军事常识了。所以说，布阵既有前锋，又有后卫部队，互相配合而使阵势稳固，敌人必定败走。布阵既没有前锋，又没有后卫部队，……这是违背用兵原则的。

[原文] 何以知弓弩[1]之为势也？发于肩膺[2]之间，杀人百步之外，不识其所道至，故曰弓弩势也。何以[知舟车]之为变也？高则……何以知长兵之权也？击非高下非……卢[3]毁肩，故曰长兵权也。凡此四……所循以成道也。知其道者，兵有功，主有名。□用而不知其道者，[兵]无功。凡兵之道四：曰阵，曰势，曰变，曰权。察此四者，所以破强敌，取猛[4]将也。……势者，攻无备，出不意，……中之近……也，视之近，中之远。权者，昼多旗，夜多鼓，所以送战[5]也。凡此四者，兵之用也。□皆以为用，而莫彻[6]其道。"

[注释] ① 弩：原作"奴"。 ② 膺(yīng)：原作"应"，即胸。 ③ 卢：同"颅"。 ④ 猛：原作"孟"。 ⑤ 送战：指挥战斗。送，即"引"。一说，"送战"即"致战"，亦通。 ⑥ 彻：原作"徹"，通晓。

[译文] 何以知道弓弩是用来比喻兵势的呢？因为(箭簇)从肩、胸之间发出，射杀敌人于百步之外，而敌人还分不清是从哪里射来的，所以说弓弩好比兵势。何以知道舟车是用来比喻灵活机变的呢？……何以知道长柄兵器是用来比喻战场主动权的呢？打击敌人时，不用站高蹲低……(即能击毁敌人的)头颅肩膀，所以说长柄兵器好像战场上的主动权。这四个方面……掌握并且遵从它就是懂得了用兵的规律。凡懂得了这种规律，作战就会有功绩，君主就会有威名。用兵而又不懂得其内在的规律，就不可能建立功绩。用兵的原则总共有四个，就是军阵、兵势、机变和主动权。掌握了这四个

基本原则，就能够击破强大的敌人，擒获勇猛的敌将。……所谓兵势，就是攻其不备，出其不意，……看起来很近，击中目标却很远。所谓主动权，就是白天多设旌旗，夜间多用金鼓，以此来指挥战斗。以上这四方面，就是（上述四个基本原则）在作战中的具体应用。（人们）虽然都在运用它们，但（却几乎没有人能）完全、彻底地明白其中的道理。”

*　　*　　*　　*　　*　　*

［原文］

……□得四者生，失四者死，□□□□……

[兵情]

[解题]

本篇以矢、弩、发者为比喻,来说明士卒、将帅和君主的条件、作用和关系,认为只有三方面都合乎要求,用兵才能克敌制胜。本篇字体与《势备》篇相同,文章思路也相似,所以其很有可能就是《势备》篇的后半部分。

篇题为竹简整理小组所加。

[原文]

孙子曰:"若欲知兵之情,弩矢其法也。矢,卒也。弩,将也。发者①,主也。矢,金②在前,羽在后,故犀而善走③。前[重而]后轻,故正而听人。今治卒则后重而前轻,阵之则办④,趣之敌则不听人,治卒⑤不法矢也。弩者,将也。弩张,柄⑥不正,偏强偏弱而不和,其两洋之送矢也不壹⑦,矢虽轻重得,前后适,犹⑧不中[招也]……□□□将之用心不和⑨,……得,犹不胜敌也。矢轻重得,前[后]适,而弩张正,其送矢壹,发者非也,犹不中招⑩也。卒轻重得,前后适,而将唯于……兵□□□□□□□犹不胜敌也。故曰,弩之中彀⑪合于四,兵有功……将也,卒也,□也。故曰,兵胜敌也,不异于弩之中招⑫也。此兵之道也。"

[注释]

① 发者:指射弩之人。 ② 金:箭镞。 ③ 犀:犀利。 走:疾行。此处指箭的飞行。 ④ 办:原为"辨",应为"办(辦)",意即能也、成也。 ⑤ 治卒:指布阵时的分配兵力。 ⑥ 柄:原作"棅",指弩臂。 ⑦ 两洋:指弓弩的两端。洋,疑借为"翔","两洋"即两

翔、两翼。弩弓横置时，形似鸟舒两翼、人张两臂，所以这里将其两端叫做“两洋”。 送矢：弹射箭矢。 ⑧ 犹：原作“猷”。 ⑨ 不和：这里指将帅之间不协调。 ⑩ 招：原作“昭”，箭靶。 ⑪ 彀（gòu）：原作“榖”。 ⑫ 招：原作“召”。

[译文]

孙膑说：“如果想知道治军、用兵的道理，可以用弩箭作比喻。箭好比士卒，弩好比将领，射弩的人好比君主。箭，金属箭头装在前面，羽毛箭翎装在后面，所以它既犀利又能快速飞行。（箭矢的）结构前重后轻，所以它能按人的意志正确飞行。（但是）现在治军却后重前轻，（这样）布阵还可以，用来攻击敌人就会士卒不听命令，这就是治军不仿效弩箭的缘故。弩，好比将领。弩张开后而弩臂不正，张力或强或弱而不协调，它两端弹射箭的力量也就不会一致。（这样，）虽然箭的前后轻重都很合适，也仍然射不中靶子。……将领之间不能协调一致……也不能战胜敌人。箭轻重前后都很合适，弩拉得很正，弩弓两端弹射箭的力量也一致，但射者不得其人，也仍然不能射中靶子。兵力部署前后轻重得当，而将领……仍然不能战胜敌人。所以说，发射弩箭而能够射中靶子，必须符合上述四个条件；用兵而要获得成功，……将领、士卒、（君主，必须协调一致）。所以说，用兵而能战胜敌人，与射箭能射中靶子没有什么两样。这就是治军、用兵的道理所在。”

行篡

[解题]

本篇主要论述统治者为了解决战争的人力、物力问题,使战争能够顺利进行,应当如何权衡利害,使用各种巧妙手段,不仅能按照自己的意愿使用民力和获取民财,而且还能做到使"死者不毒,夺者不愠"。行,进行、运行。篡,取、夺取。《尔雅义疏》:"言以计取之,不公然劫夺也。"由此可见作者所论之深层义蕴。

篇题原写在本篇第一简简背。

[原文]

孙子曰:"用兵移民①之道,权衡也。权衡,所以篡贤取良也。阴阳②,所以聚③众合敌也。正衡再累……既忠④,是谓不穷。称乡悬衡⑤,虽其宜也。私公之财壹也。夫民有不足于寿而有余于货者,有不足于货而有余于寿者,唯明王、圣人知之,故能留之。死者不毒,夺者不愠⑥。此无穷……□□□□民皆尽力,近者弗则,远者无能。货多则辨⑦,辨则民不德其上。货少则□,□则天下以为尊。然则为民赇⑧也。吾所以为赇也,此兵之久也。用兵之国之宝⑨也。"

[注释]

① 移民:使百姓归附。 ② 阴阳:中国古代哲学,尤其是数术学的重要概念之一。所指不一,如天之昼夜阴晴、物之表里向背、室之前后内外、事之公开隐蔽等等。 ③ 聚:原作"取",聚、聚合。
④ 累:即秤锤。 既忠:同"既中",达到平衡适中。既,原作"暨"。
⑤ 乡:同"向",方向。称乡,确定方向。 悬:原作"县",二者同。

⑥ 愠(yùn):原作“温”,抱怨。　⑦ 辨:离异,离心。　⑧ 赇:此处疑指蓄积财富。　⑨ 宝:原作“葆”。

[译文]

孙膑说:“治理军队、使百姓归附之道,就好比用秤衡量轻重。通过衡量比较,即可选拔贤能优秀的人才。阴阳占卜,是用来聚集兵众与敌交战的(一种手段)。权衡要反复进行……达到了不偏不倚平衡适中的程度,就是所谓的‘不穷’(,这样就没有办不成的事了)。论功行赏,也要权衡利弊(、务求公平),以适宜为度;对待公私财产也是同样的道理。百姓中有富于财货但却贪生怕死的,有生活贫困但却不吝惜生命的。只有英明的君主和圣哲才懂得这个道理,所以(他们)能够使人们乐于留在军中作战,即使死了也不怨恨,失去了财物也不发怒。如此无穷……百姓都能竭尽全力了,邻近的敌人就会不敢前来侵犯,远处的敌人就会没有能力前来侵犯。财富多了,百姓就会产生离心倾向,有了离心倾向百姓就会不再感念君主的恩德。财富少了,则……君主就会受到天下的尊崇。所以,我以为,为百姓积累财富,(实际上)也就是要这样的(为国家)积累财富,这是能长期支持战争(并最终获得胜利的根本)办法。(同时,这也是)国家用兵打仗的法宝。”

杀士

［解题］

杀士，意谓善于用兵的将帅能使士卒为之效死。《尉缭子·兵令下》所说"古之善用兵者，能杀卒之半，其次杀其十三，其下杀其十一"，主旨与本篇接近。本篇竹简因残缺过多，文意难明，故只略加注释。

篇题原写在本篇第一简简背。

［原文］

孙子曰：明爵禄而……

……士死。明赏罚□

……士死。立□……

……必审而行之。士死……

……死。挢①而下之，士死□……

……之，士死。□而传……

……勉之欢②，或死州□……

……之亲，或死坟③墓……

……之鸣④，或死饮食……

……□处之安，或死疾疢⑤之间，或死……

［注释］

①挢：疑同"矫"，屈也。 ②欢：原作"驩"，二者同。 ③坟：原作"贲"。 ④鸣：疑即"鸣"，同"诬"，音 wù，意谓说人坏话或厌恶，如为后一义时则同"恶"。 ⑤疢(chèn)：病，灾。

延气

［解题］

本篇根据作战进程之不同阶段，分别提出了“激气”、“利气”、“厉气”、“断气”、“延气”五种激励士气、鼓舞斗志的措施，并反复论述、强调了采取这些措施的重要性。

篇题原写在本篇第一简简背，但篇末亦有“延气”一词。延气，指保持旺盛士气。

［原文］

孙子曰：“合军聚众①，［务在激气］②。复徙③合军，务在治兵利气④。临境近敌⑤，务在厉气⑥。战日有期，务在断气⑦。今日将战，务在延气⑧。……以威三军之士，所以激⑨气。将军令……其令，所以利气也。将军乃……短衣絜裘⑩，以劝士志，所以厉气也，将军令，令军人人为三日粮，国人家为……望，国使毋来，军使毋往，所以断气也。将军召将卫人者而告之曰：饮食毋……所以延气……也。”

［注释］

① 合军聚众：意谓集合民众编组军队。 ② 激气：激发士气。 ③ 复徙：指连续行军。 ④ 治兵利气：意即整治兵器、增强士气。一说，“治兵”指整顿部队。这里从前说。 ⑤ 境：原作“竟”，指国境、边境。 敌：原作“啇”。 ⑥ 厉气：同“励气”。厉，原作“疠”，激励的意思。 ⑦ 断气：断然拚死一斗的士气。 ⑧ 延气：保持高昂的士气。延，原作“涎”。 ⑨ 激：原作“敫”。 ⑩ 絜（jié）裘：疑即“褐裘”，指以粗劣材料制成的戎装。

［译文］

孙膑说：“集合民众，编组军队，务必要激发（部队的）士气。连续行军,奔赴战场,务必要增强(部队的)士气。将要临近边境,与敌相接,务必要激励(部队的)士气。确定作战日期以后,务必要使士卒具有断然拼死一斗的勇气。在作战的当天,一定使部队保持高昂的士气。……用来使三军士卒(受到鼓舞,)感到威风,所以必须激发(部队的)士气。将军命令……的命令,是用来造成战前有利士气的。将军……穿着粗衣短服,激励士卒的斗志,这就是'厉气'。将军下令,让全军人人携带三天的干粮,全国百姓家家……朝廷不再派使臣到军中来,军中也不再派使臣到朝廷那里去,这就是'断气'。将军召集警卫人员而告诉他们说:'饮食不得……'所以必须(使部队)保持旺盛、高昂的士气。"

* * * * * *

[原文]

……营也。以易营之众而贵武敌,必败。气不利则拙[①],拙则不及[②],不及则失利,失利……

……气不厉则慑[③],慑则众,众则……

……气不断则迵[④],迵则不柎易散,临难易散必败……

……□□气不□则惰[⑤],惰则难使,难使则不可以合旨……

……□□则不知为己之节,不知为己之节则事……

……而弗救,身死家残,将军召使而勉之,击……

[注释]

① 拙:钝,屈。即不能迅速反应并快速行动。 ② 不及:来不及采取措施。 ③ 慑:恐惧,胆怯。 ④ 迵:原作"迴"。迵,音义与"通"皆近,而其义与"断"正相对。 ⑤ 惰:原作"隋"。

官一

[解题]

本篇主要论述了战前军队的组建以及既战之后阵势的布列与各种情况下军队的具体指挥。其所以以“官”作为篇名，可能是因篇首有“立官则以身宜”一语。“官一”之“一”，疑指两个本子中的第一个本子。篇后原附有部分残简，文字与本篇重复，疑为“官二”。本篇内容庞杂混乱，文字艰涩难懂，简文次序不易确定，故现在的排列顺序未必精确。

篇题原写在本篇第一简简背。官，主宰、管辖，这里指统率、指挥军队。

[原文]

孙子曰：“凡处卒利阵①体甲兵者，立官则以身宜，贱令以采章②，乘削以伦物③，序行以[□]□，制卒以州闾④，授正以乡曲⑤，辨疑以旌舆⑥，申令以金鼓，齐兵⑦以从迹⑧，庵结以人雄⑨，邋军以索阵⑩，茭肆以囚逆⑪，陈师以危□，射战以云阵，御裹以羸渭⑫，取喙以阖燧⑬，即败以包□，奔救以皮傅⑭，燥⑮战以错行。用□以正□，用轻以正散⑯，攻兼用行城⑰，……

[注释]

① 处卒利阵：部署士卒，排列有利阵势。 ② 令：尊长。 采章：彩色的徽章。 ③ 削：同“旃”，旌旗饰物。 伦物：区别车乘的等级。 ④ 州闾：原作“周闾”，古代的民户编制。 ⑤ 乡曲：古代军政合一的地方行政区划。 ⑥ 辨疑：原作“辩疑”。 旌舆：绘有鸟纹的旗。舆，借为“旟”，音 yú。 ⑦ 齐兵：使战士所持兵器整齐。 ⑧ 从迹：原作“从速”。 ⑨ 庵结：掩护。 人雄：士卒中勇猛者。

⑩ 邋(là)军:歼灭敌军。邋,同"猎"。 索阵:古代的一种军阵名。下文的"囚逆"、"云阵"亦属此类,具体情况不详。 ⑪ 茭肄以囚逆:为了防止混乱,应随时整顿队形。茭,弓檠,一种用来校正弓的器具。肄,队列。囚,禁锢,引申为防止。逆,乱。 ⑫ 御:原作"圉",圉(yù)、御同。 裹:包围。 羸渭:连绵不断地部署军队。 ⑬ 喙(huì):鸟兽的嘴,引申为敌之前锋。 阖(hé):封闭,阻塞。 燧:同"遂",道路。⑭ 皮:包在外边。 傅:迫近。 ⑮ 燥:疑即"噪"。 ⑯ 用轻以正散:用轻装部队攻击散乱之敌。正,同"征"。 ⑰ 兼:疑即"嵰",指高峻的山。 行城:据《墨子·备梯》记载,应是一种守城工具。这里可能是据以改进的一种攻击高处之敌的械具。

［译文］

孙膑说:"凡是部署兵力、排列阵势、指挥和统帅部队的人,设官分职一定要选拔有才能的人,用不同的徽章标示他们的不同官阶和身份,用不同的旗帜插在兵车上来区别车乘的种类和等级,用……来规定行列的次序,按(地方行政区划)州、闾来编组军队,军官也要按地方行政机构来任命,用各色旗帜区别并指挥各支部队,用金、鼓来下达命令,要使队伍前后跟上脚步以做到整齐划一,要用勇猛过人的士卒去担任掩护任务,进剿敌军要靠索阵,反复骚扰敌人要用囚逆阵,列阵待敌要用危……与敌人弓弩对射要用云阵,反包围要用羸渭阵,歼灭敌军前锋要用阖燧阵,追击败退之敌要用包……奔驰救援再用皮傅阵,鼓噪而战要用错行阵。用……攻击……用轻兵攻击散乱之敌,用'行城'攻击据高之敌,……

［原文］

□地□□用方,迎陵而阵用封①,险□□□用圜②,交易武退用兵③,□□阵临用方,……翼,凡战接厝用喙锋④,囚险解谷⑤以□远,草驵莎荼以阳削⑥,战胜而阵以奋国。而……为隈以山胠⑦,榛弗以逶迤⑧，便罢以雁行，险厄以杂管⑨，还退以蓬错⑩，绕山林以曲次⑪，袭国邑以水则⑫，辨夜退以明简⑬，夜警以传节⑭，厝入内寇以棺士⑮，遇短兵以必舆⑯，火输积以车，阵刃以锥行，阵少卒以合杂。

［注释］ ① 刲（kuī）：分割，分散。 ② 圜：环形防御，即圆阵。 ③ 武退用兵：疑“兵”字前遗一“轻”字，即击退败走之敌用轻装部队。 ④ 凡：原作“氾”。“氾”借为“汎”，“汎”又“凡”之借也。 厝：交错。 喙：此处指前锋部队。 ⑤ 因险解谷：制敌于险隘之中，要开放谷口，把敌人引出来消灭。 ⑥ 駔（zǔ）：同“苴”，生长繁茂的杂草。 莎：原作“沙”，莎草。 荼：菅茅花。此外泛指杂草。莎荼，底本认为应作“沙途”。 阳削：诈设旌旗以迷惑敌人。削，借为“旓”。 ⑦ 隈：原作“畏”，山岭弯曲处。 胠（qū）：同“阹”，一种环形阵。 ⑧ 榛茀：原作“秦怫”，即丛生的灌木杂草。 逶迤：原作“委施”。 ⑨ 杂管：以不同的兵器兵种来控制。一说指阵名。 ⑩ 蓬错：隐蔽交错。一说指阵名。 ⑪ 曲次：部队的先后次序。一说指阵名。 ⑫ 水则：水的规律。 ⑬ 明简：以简书传达命令。 ⑭ 警：原作“敬”。节：符节一类通行凭证。 ⑮ 厝入：突入。 棺士：疑即材士，汉称材官，即武艺高强之士。 ⑯ 必舆：密列战车。必，借为“佖”，铺满，即依次排列。

［译文］ 在……地作战要用方阵对付敌人，面对山陵布兵要用刲阵对付敌人，（在危险情况下作战要用）圆阵对付敌人。在平地作战，打击败退之敌要用轻兵。……敌人居高临下时，要从侧翼攻击它。任何情况下作战，都要首先用前锋部队与敌人交战。制敌于险隘之地时，要放开谷口，引诱敌人脱离险要再加以歼灭。在茅草荆棘丛生之地作战要诈设旗帜（，以迷惑敌人）。战胜敌人之后要严整军容，以振国威。（通过）山岭弯曲之处时要保持一种环形阵势，通过草木荆棘丛生之地时要

（蜿蜒曲折地前进并）保持一种连续不断的队形，疲惫敌人要将兵力作梯次布置，扼守险阻时要配置不同的兵器和兵种，撤退时要隐蔽交错地进行，经过山林之地时要依次行进，攻打敌人都邑时要像大水那样汹涌不可阻挡，夜间撤退时要用书写好的简书传达命令，夜间进行警戒时要严格查验符节，突击敌阵时要用武艺高强的士卒，与敌人短兵相接时要充分发挥战车的作用，焚烧敌人的运输物资时要用车辆前去放火，想使阵势锋利就要用锥行阵，兵员不足时要集中兵力布阵。

［原文］

合杂，所以御裹也。修行连削，所以结阵也。云折重杂[1]，所权趮也[2]。飙风振尘[3]，所以乘疑也。隐匿谋诈[4]，所以钓战也。龙隋陈伏[5]，所以山斗也。□□乖举，所以压津[6]也。□□□卒，所以□□也。不意待猝[7]，所以昧战也。遏沟□阵，所以合少也。疏削明旗，所以疑敌也。剽阵辖车[8]，所以从逸[9]也。椎下移师，所以备强也。浮沮[10]而翼，所以燧斗也。禅袥蘩避[11]，所以诱蹑[12]也。简练剽便[13]，所以逆喙也。坚阵敦□，所以攻槥也。揆断藩薄[14]，所以眩[15]疑也。伪遗小亡，所以饵[16]敌也。重害，所以茭［□］也。顺明到声，所以夜军也。佰奉离积，所以利胜也。刚者，所以圉劫也。更者，所以过□也。□者，所以圉□也。□［者，所以］□□［也。序］者，所以厌门也。胡退[17]□入，所以解困也。”

［注释］

① 云折重杂：喻使阵势如乌云重叠翻滚。 ② 权趮（zào）：主动攻击敌人。趮，同“躁”。 ③ 飙风振尘：原作“猋凡振陈”。 ④ 诈：原作“诈”。 ⑤ 龙隋：披靡不振之状。 陈伏：布置伏兵。

⑥ 压津：截断渡口。压，原作“厭”。 ⑦ 待猝：原作“侍卒”。 ⑧ 剽(piāo)阵：同“飘阵”，即飘风之阵。剽，原作“歎”。 辖(chī)车：轻便之车。 ⑨ 从：追逐。 逸：原作“遗”，指逃跑。 ⑩ 浮沮：阵名。详见《太白阴经》卷六《阵图总序》。 ⑪ 禅袥(shàn huó)：即单衣光头，不穿戴甲胄。 鞶(pán)避：即“盘辟”，行动迟缓的样子。 ⑫ 诱蹑：原作“莠聂”，指引诱敌人前来追击。 ⑬ 简练剽便：简选敏捷之士。简，原作“涧”。剽，原作“歎”。 ⑭ 揆(kuí)断：原作“楑齸”，折断的意思。 藩薄：草木构成的障碍。 ⑮ 眩：原作“泫”，迷惑的意思。 ⑯ 饵：原作“瑰”，引诱。 ⑰ 胡退：远退。

［译文］ 集中兵力是为了防止敌人包围，整顿队伍、布列旗帜是为了摆好阵势，阵势如乌云重叠翻滚是为了主动打击敌人，快速前进并扬起尘土是为了乘敌人疑惑时发起攻击，隐瞒企图、施用诈谋是为了引诱敌人出战，佯为羸弱、暗设伏兵是在山地作战时运用的办法，……举动乖谬是为了阻断敌人的渡口，……出敌不意是为了以偷袭的战术突然攻击敌人，凭借沟池布阵是为了以少敌众，旗帜布列疏朗鲜明是为了迷惑敌人，排列飘风之阵、派出轻便的战车是为了追击逃敌，在敌人打击下转移兵力是为了保存实力以备强敌，浮沮阵是在狭路中迎击敌人的战法，不戴盔穿甲而又行动迟缓是为了诱敌来追，精选骁勇敏捷的士卒是为了迎击敌军的前锋，部署坚阵、整顿队伍是为了攻击敌军的主力，故意拆毁藩篱障碍是为了迷惑敌人，故意丢弃一些物资是为了引诱敌人，反复陷敌人于不利是为了使敌人疲惫，运用火光和声音是为了便于军队在夜间的联络和行动，控制敌人境内的各种物资储备是为了有利于作战获胜，部署坚强的部队是为了防备敌人的袭击，轮番更替部队是为了……远远地脱离敌人是为了摆脱自己的困境。”

* * * * * *

[原文]

……□令以金……

……云阵,御裹[以羸渭,取喙]以阖……

……荼以阳削,战……

……隈以山胠,榛茀以逶迤,便罢以雁……

……夜退以明简,夜警……

……舆,火输积以车,阵……

……龙隋阵……

……也。疏削明……

……也,简练□便,所以逆喙也……

……断藩薄,所以眩[疑也。伪遗小亡],所以饵敌也。重害,所……

……奉离积,所以利……

……所以御□[也。□者,所以□□]也。序者,所以厌……

五教法

［解题］

本篇从“处国”、“行行”、“处军”、“处阵”和“隐而不相见利战”五个方面论述了有关处理军队组编、兵力配置、部队军容、驻扎宿营、阵势布列、交战接敌等一系列军事问题的原则，但由于简文残缺严重，许多内容难以确知。

篇题原写在本篇篇末竹简。

本篇1975年初版本《孙膑兵法》未收入，因其文体与竹书《孙子》佚篇之问答体或注释体者不同，疑属《孙膑兵法》，故银雀山竹简整理小组将其补入1985年新编本。

［原文］

［孙］子① 曰：“善教者于本，不临军而变，故曰五教：处国之教一，行行② 之教一，处军之［教一，处阵之教一，隐而］不相见利战③ 之教一。

［注释］

① ［孙］子：本篇第一简上端残损，原无“孙”字，竹简整理小组根据所出兵书中以“某子曰”发端的篇章仅见于《孙子兵法》与《孙膑兵法》，故于“子”上补出“孙”字。 ② 行行：走着不停。 ③ 隐而不相见利：似指部队应以隐蔽、突袭的战法接敌。

［译文］

孙膑说：“善于（对部队）进行管理和教育的人，对那些带根本性的原则，不会在军队中实施的时候随意改变，所以（将其）称为‘五教’：一种是在国内（组编军队、选用人才时）实施的管理和教育，一种是（部队）在行军时实施的管理和教育，一种是部队在驻扎宿营时实施的管理和教育，一种是（部队）在布列军阵时实施的管理和教育，一种是（部队）在隐蔽接敌、欲行突袭时实施的管理和教育。

［原文］

处国之教奚如？曰……孝悌良五德[1]者，士无壹乎？虽能射不登车。是故善射为左，善御为御，毕毋[2]为右。然则三人安车，五人安伍，十人为列，百人为卒，千人有鼓，万人为戎[3]，而众大可用也。处国之教如此。行行之教奚如？废车疲[4]马，将军之人必任焉，所以率[5]……险幼将自立焉，所以敬□……□足矣。行行之教如此。处军之教［奚如？］……也。处军之教如［此。处阵］之教奚如？兵革车甲，阵之器也。……以兴善。然而阵既利而阵实蘩。处阵之教如此。隐而不相见利战之教［奚如？］……”

［注释］

① 悌：原作“弟”。　五德：五个方面的品德。具体内容不详。　② 毕毋为右：意即都不能居于战车右边的位置。此位置通常留给手持长兵器的战士。毋，原作“母”。　③ 伍、列、卒、戎：均为当时的军事编制单位。　④ 疲：原作“罢（罷）”。　⑤ 率：原作“衛”。

［译文］

在国内怎样实施管理和教育呢？……孝、悌、良等五种好的品德，难道士卒一样也没有吗？（缺乏这些品德的士卒）即使善于射箭，也不能让他登上战车。所以，善于射箭的人站在车的左边，善于驾车御马的当驭手，但都不能站在车的右边。那么，三人同乘一车，五人组成一伍，十人组成一列，一百人组成一卒，一千人设有指挥鼓，一万人组成一戎，即使人数众多，也可以用来作战了。在国内实施管理和教育是这样。行军时又是怎样实施管理和教育的呢？战车损坏、战马疲惫，领兵之人必须承担责任。所以，率领（军队而身处）险境时要能够独立自主地处理（有关问题）。所以，敬……足够了。在行军时实施管理和教育是这样。驻扎宿营时又是如何实施管理和教育的呢？……也。在驻扎宿营时实施管理和教育是这样。布列军阵时是如何实施管理和教育的呢？兵器、战车、铠甲是战阵中必不可少的装备。……发扬好的方面。由此构成锐利而又变化多端的战阵。在布列阵势时实施管理和教育是这样。隐蔽接敌、欲行突击时又是怎样实施管理和教育的呢？……”

*　*　*　*　*　*

[原文]

……垒途道，使三军之士皆见死而不见生，所[以]……

……锡[①]所以教耳也。……

……[所]以教足也。五教既至，目益明……

[注释]

① 锡：疑即“铙”之异体。

[强兵]

[解题]

竹简整理小组认为,本篇主要内容系齐威王与孙膑之间有关富国强兵的问答,但篇中又提到齐宣王,文章风格、字体也与其他各篇不同,不像是《孙膑兵法》的本文,估计可能是后人抄附在《孙膑兵法》书后的。但有学者认为,本篇体例与《威王问》颇相似,历史背景及集录者的态度亦与之契合,故不能认为其是抄附在《孙膑兵法》之后的。张震泽先生则将本篇分为两篇,自"威王、宣王以胜诸侯"以下取名"齐胜诸侯"篇,可供参考。

篇题为竹简整理小组所加。

[原文]

……威王问孙子曰:"□□□……□齐士①教寡人强兵者,皆不同道。……[有]教寡人以正教②者,有教寡人以[□]敛者,有教寡人以散粮③者,有教寡人以静④者,……"[孙子曰]:"……皆非强兵之急者也。"威[王]:"……□□。"孙子曰:"富国。"威王曰:"富国。……"□厚,威王、宣王以胜诸侯,至于……

[注释]

① 齐士:指齐国稷下学宫的各派学士。 ② 正教:同"政教",政治与教化。这可能是儒家的主张。 ③ 散粮:发放粮食。这可能是墨家的主张。 ④ 静:清静无为。这可能是道家的主张。

[译文]

……齐威王问孙膑说:"……齐国的学士们教我怎样强大军备,办法各不相同。……有的教我从加强政治与教化入手,有的教我从（积聚人力和物力）入手，有的教我从发放粮食、（收拢民心）入手，有的教我从实行清静无为的政策入手……”孙膑说：“……这些都不是为使军备强大所急需做的。”齐威王问（：“那什么才是使军备强大所急需要做的？”）孙膑说：“（首先要）使国家富裕。”齐威王说：“使国家富裕……”……厚，齐威王、齐宣王就是用这样的办法战胜各国诸侯的，至于……

* * * * * *

［原文］

……将胜之，此齐之所以大败燕①……

……众乃知之，此齐所以大败楚人②反……

……知之，此齐之［所以］大败赵③……

……□人于䓝桑而擒氾皋④也。

……擒唐□⑤也。

……擒□……

［注释］

① 大败燕：指公元前 314 年齐乘燕国内乱之机大举伐而灭之一事。 ② 大败楚人：可能指公元前 301 年秦与齐、韩、魏大败楚军并杀唐昧、取重丘之战。 ③ 大败赵：可能指公元前 325 年平邑齐胜赵之战。 ④ 䓝（niè）桑：今江苏沛县。 氾皋：史书无考，似应为宋将。 ⑤ 擒唐□：即注②所说的重丘之战“杀楚将唐昧”。

附录一、银雀山汉墓竹简兵法佚文

十　阵[1]

［原文］

凡阵有十：有方阵[2]，有圆阵[3]，有疏阵[4]，有数阵[5]，有锥行之阵[6]，有雁行之阵[7]，有钩行之阵[8]，有玄襄之阵[9]，有火阵，有水阵。此皆有所利。方阵者，所以剸[10]也。圆阵者，所以枺[11]也。疏阵者，所以吴[12]也。数阵者，为不可掇[13]。锥行之阵者，所以决绝[14]也。雁行之阵者，所以接射[15]也。钩行之阵者，所以变质易虑[16]也。玄翼之阵[17]者，所以疑众难故也。火阵者，所以拔也。水阵者，所以伥固[18]也。

［注释］

① 十阵：此为篇题，原写在本篇第一简简背。阵，原为“陈”。本篇论述了十种阵法的特点和作用。阵法是古代各种战斗队形的运用原则和规律。　② 方阵：古代一种用于对攻的战斗队形。其基本排列方法是各基层单位组成小方阵，再由小方阵组成更大的方阵。方，原为“枋”。　③ 圆阵：一种用于防御的战斗队形，其基本队形成环形。圆，原作“员”。　④ 疏阵：一种排列疏散的战斗队形。疏，原为“踈”。　⑤ 数阵：一种排列密集的战斗队形。　⑥ 锥行之阵：一种前尖如锥的战斗队形。行，列也。　⑦ 雁行之阵：一种横向展开、左右向前或向后梯次配置、状如雁阵的战斗队形。雁，原作“鴈”。　⑧ 钩行之阵：一种左右翼向后弯曲如钩的战斗队形。　⑨ 玄襄之阵：似指一种用来迷惑敌人的战斗队形。　⑩ 剸（zhuān）：细细切割肉的样子，引申为粉碎敌人。　⑪ 枺（tuān）：借为“团”，环形防御的意思。　⑫ 吴：疑为“吠”，虚张声势的意思。张震泽疑其为“吴”字，亦即“犯”字。　⑬ 掇（duō）：疑应读为“剟”，割取、击破的意思。

⑭ 决绝：决断，引申为突破并分割之。决，原为“夬”。 ⑮ 接射：用弓弩射击。一说，接通“捷”，便利的意思。接，原为“椄”。 ⑯ 变质易虑：应付情况变化，以随机应变。质，本，指目的、企图。虑，计谋，指作战方针、计划。 ⑰ 玄豶之阵：即玄襄之阵。 ⑱ 伥固：加强，加固。伥，伥鬼。成语有“为虎作伥”，这里用的是它的引申义。一说，伥为“涨”之假借，水大之貌；伥固，谓敌守固难取则以水灌之。

[原文]

方阵之法，必薄中厚方[①]，居阵[②]在后。中之薄也，将以吴也。重□其□[③]，将以刲也。居阵在后，所以……

[圆阵之法]……

[疏阵之法]，其甲寡而人之少也，是故坚之。武者在旌旗，是人者在兵[④]。故必疏距间[⑤]，多其旌旗羽旄，砥刃以为旁。疏而不可蹙[⑥]，数而不可军[⑦]者，在于慎。车毋驰，徒人毋趋[⑧]。凡疏阵之法，在为数丑[⑨]，或进或退，或击或䫆[⑩]，或与之征，或要其衰[⑪]。然则疏可以取锐[⑫]矣。

[注释]

① 薄中厚方：薄中厚外。方，旁、外。薄，原为“䥇”。一说，䥇应释为“博”；博，广也。 ② 居阵：即守阵。或指暂不动用的兵力。③ 重□其□：据上下文义，可理解为“重厚其方”。即加大四周兵力的意思。 ④ 是：疑借为“示”。此二句意谓用旌旗和兵器显示威武。⑤ 距间：原作“钜间”，间隔距离。 ⑥ 蹙(cù)：原作“戚”，迫促。⑦ 军：犹屯也。影本释为“围”，非是。 ⑧ 趋：原作“趍”。 ⑨ 数丑：几个小群。丑，类、群。 ⑩ 击：原为“毄”。 䫆(yì)：意义不详。疑即《说文》“䫆”之异体字。银雀山所出其他竹简中或用作刚毅之“毅”，有坚强抵挡的意思。一说，䫆即“𠩺”字，亦“击”之意，“兀”系“页”之省文。 ⑪ 要：通“邀”，截击。 ⑫ 疏可以取锐：意谓用疏阵可以打败精锐的敌人。锐，原作“阅”。

[原文] 数阵之法，毋疏钜间，戚而行首积刃而信之①，前后相保②，变□□□，甲恐则坐③，以声坐□，往者弗送，来者弗止，或击其迂，或辱其锐，笄④之而无间，钣山而退⑤。然则数不可掇也。

锥行之阵，卑⑥之若剑，末不锐则不入，刃不薄⑦则不剀，本不厚则不可以列阵⑧。是故末必锐，刃必薄，本必鸿⑨。然则锥行之阵可以决绝矣。

[注释] ① 戚而行首积刃而信之：此谓数阵密集，应令行伍之首多持刃，向外伸之。戚，近。信，应训“陈”。 ② 保：原为“葆”。 ③ 坐：指坐阵。用以稳定阵势。 ④ 笄：羿的别体字。即鸟羽上的细毛。这里用来比喻数阵的行列要排列得严密而无隙可乘。 ⑤ 钣（fǎn）山而退：犹言退时稳重如山。钣，疑为“返”之假借。 ⑥ 卑：同“俾”，使也。影本释为“譬”。 ⑦ 薄：原为“溥”。 ⑧ 本：剑之后部，以喻阵之后部。 列阵：即裂阵。列，从刀，乃“裂”之本字。 ⑨ 鸿：原作“鸿”，大。

[原文] ［雁行之阵］，……中，此为雁阵之任①。前列若臃②，后列若狸③，三……阙罗而自存，此之谓雁阵之任。

钩行之阵，前列必方，左右之和④必钩。三声既⑤全，五彩⑥必具，辨⑦吾号声，知五旗。无前无后，无……

玄翼之阵，必多旌旗羽，鼓罪罪壮⑧，甲乱则坐，车乱则行，已治者□，榼榼啐啐⑨，若从天下，若从地出，徒来而不屈⑩，终日不拙。此之谓⑪玄翼之阵。

[注释] ① 任：作用。 ② 臃：疑借为“獾”，音 yōng，兽类，形似猿。这

里用来比喻敏捷灵活的意思。 ③ 狸:野猫。这里用来比喻部队蓄势待发的意思。 ④ 左右之和:即军队的左右两翼。 ⑤ 三声:指金、鼓、茄笛的声音。三,原作“参”。 既:原作“气”。 ⑥ 五彩:五色彩章。彩,原作“菜”。 ⑦ 辨:原作“辩”。分辨,辨识。⑧ 鼓罪罪壮:似指鼓声起后车队壮盛的样子。罪,字书未见,疑为辈字之借体,而辈乃车队之称。壮,原作“庄”。 ⑨ 榼榼啐啐:指兵车与士卒行进时的嘈杂之声。嗑,借为“磕”;嗑嗑,音 kē kē,硬物碰撞之声。啐啐,音 zú zú,人声喧嚷。 ⑩ 徒:步兵。 屈:穷尽。 ⑪ 谓:原为“胃”。

[原文]

火战之法,沟垒已成,重为沟堑[1],五步积薪,必均疏数,从役有数,令之为属枇[2],必轻其利,风辟……火既自覆,与之战弗克[3],坐行而北。火战之法,下而衍以芥[4],三军之士无所出泄[5]。若此,则可火也。陵猋蒋芥[6],薪荛既积,营窟[7]未谨。如此者,可火也。以火乱之,以矢雨之,鼓噪敦兵[8],以势助之。火战之法。

[注释]

① 堑:原作“渐”。 ② 属枇:连缀的行马。枇,系“梐”之省文,即“梐枑”。此物乃古之行马,亦称拒马。以木交叉连缀而成,用来临时作为路障。 ③ 克:原作“剋”。 ④ 衍:低而平坦的地形。 芥:字书无,疑为“茆”,即茅的异体字。 ⑤ 出泄:逃脱。 ⑥ 陵猋(biāo):疑即“凌飙”,指暴风。 蒋芥:杂草。蒋,菰蒲。 ⑦ 营窟:原为“管窋”。 ⑧ 鼓噪敦兵:擂鼓呐喊,敲击兵器,以助声势。敦,敲击。一说,敦为劝勉之意。

[原文]

水战之法,必众其徒而寡其车,令之为钩、楷、蓯、柤、贰、辑、□、绛,皆具[1]。进则必遂[2],退则不蹙,方蹙从流[3],以敌之人为招[4]。水战之法,便舟以为旗，驰舟以为使，敌往则遂，敌来则蹙，推攘因慎而饬之，移而革[5]之，阵而□[6]之，规[7]而离之。故兵有误车有御徒，必察其众少，击舟颒津[8]，示民徒来。水战之法也。　　七百八十七

［注释］

① 钩：即钩拒。一种既可钩住敌船又可推开敌船的长竿。　楷：木筏或竹排。一说即梐枑。　葱（cōng）：简体字为“苁”，无考。　柤：疑当借为“杵”，系一种筑土防水之器。　贰：原为“戚”，无考。　辑：通“楫”，即船桨。　绛：原简左旁模糊，也可能是“棒”字，或借为“棒”字。棒，亦作“篷”，《广韵》：“篷，织竹夹箬覆船也。”　② 遂：原为“逐”，前进。　③ 方：两条船并在一起。　从流：顺着流向。　④ 敌：原为“适”。　招：原为“召”，箭靶。　⑤ 革：改变。这里有妨碍的意思。⑥ □：此字残损，可能是“攴（pǔ）”字，也可能是“支”字或“丈”字。⑦ 规：疑借为“窥”。　⑧ 颒：疑借为“颒”。颒，音 wài，痴呆，引申为封锁、阻碍不通的意思。　津：渡口。

十　问[1]

［原文］

兵问曰：交和而舍[2]，粮[3]食均足，人兵敌衡[4]，客主[5]两惧。敌人圆阵以胥[6]，因以为固，击［之奈何？曰］：击此者，三军之众，分而为四五，或傅[7]而佯北，而示之惧。彼[8]见我惧，则遂分而不顾。因以乱毁其固。驷鼓[9]同举，五遂[10]俱傅。五遂俱至，三军同利。此击圆之道也。

［注释］

① 此是篇题，原写在本篇第一简简背。本篇根据敌我双方的力量对比，设想了各种不同情况，采取问答形式，有针对性地提出了具体的战法。全篇共十组，故称《十问》。　② 交和而舍：两军相对，准备交战。和，军营之门。舍，扎营。此句也见于《孙子·军争》。　③ 粮：原为“粱”。　④ 敌衡：双方人力与武器相当。　⑤ 客主：客指攻方，主指守方。　⑥ 圆：原为“员”。　胥：等待。　⑦ 傅：借为“薄”，迫

近、接触。 ⑧ 彼:原为“皮”。 ⑨ 驷鼓:装在车上的战鼓。 ⑩ 遂:借为“队”。

[原文]

交和而舍,敌富我贫,敌众我少,敌强我弱,其来有方[①],击之奈何?曰:击此者,□阵而□之,规而离之[②],合而佯北,杀将其后,勿令知之。此击方之道也。

交和而舍,敌人既众以强,劲捷[③]以刚,锐[④]阵以胥,击之奈何?击此者,必三而离之,一者延而衡[⑤],二者□□□□□恐而下惑,下上既乱,三军大北。此击锐之道也。

[注释]

① 有:读为“又”。 方:方阵。 ② □阵而□之,规而离之:《十阵》有“阵而支之,规而离之”,可参考。 ③ 劲捷:原为“巠疌”。 ④ 锐:原为“兑”。 ⑤ 衡:同“横”。

[原文]

交和而舍,敌既众以强,延阵以衡,我阵而待之,人少不能,击之奈何?击此者,必将三分我兵,练我死士,二者延阵张翼[①],一者材士练兵[②],期其中极[③]。此杀将击衡之道也。

交和而舍,我人兵则众,车骑则少,敌人十倍,击之奈何?击此者,当保险带隘,慎避广易[④]。故易则利车,险则利徒。此击车之道也。

[注释]

① 张翼:原为“长罶”。一说,“长罶”应读为“长(cháng)翼”。 ② 材士:材力之士。材,原为“财”。 练兵:精选的士卒。 ③ 期其中极:集中兵力实行中央突破。期,会集。中极,正中央。一说,中极指敌阵中军要害。 ④ 保险带隘,慎避广易:保守险要地形,控制隘路、垭口,避免在开阔平坦之地与敌作战。广,原为“光”。

［原文］

交和而舍，我车骑则众，人兵则少，敌人十倍[1]，击之奈何？击此者，慎避险阻，决而导之，抵诸易[2]。敌虽[3]十倍，便我车骑，三军可击。此击徒人之道也。

交和而舍，粮食不属，人兵不足佶[4]，绝根而攻[5]，敌人十倍，击之奈何？曰：击此者，敌人既□而守阻，我……反而害其虚[6]。此击争□之道也[7]。

［注释］

① 敌人十倍：原为“适人什负”。 ② 抵诸易：把敌人压迫到平坦地形上交战。抵，原为“牴”，挤、推压之意。 ③ 虽：原为“唯”。 ④ 佶：疑借为“恃”。 ⑤ 绝根而攻：在断绝了敌人后方供应的情况下对其发动进攻。根，根本、后方。 ⑥ 敌人既□而守阻，我……反而害其虚：此二句大意可能是：敌人众多而且保守险阻，我方应当［不断地诱骗它，然后］乘敌之隙，击敌虚弱，战而胜之。 ⑦ 此击争□之道也：□，疑为“地”字。《孙子・九地》：“我得则利，彼得亦利者，为争地。……争地则无攻。”可参征。

［原文］

交和而舍，敌将勇而难惧，兵强人众自固，三军之士皆勇而无[1]虑，其将则威，其兵则武，而理强梁[2]，逴[3]，诸侯，莫之或待[4]。击之奈何？曰：击此者，告之不敢，示之不能，坐拙而待之，以骄其意，以惰其志，使敌弗识[5]，因击其不□，攻其不御，压其骀[6]，攻其疑。彼既贵既武，三军徙舍，前后不相睹[7]，故中而击之，若有徒与[8]。此击强众之道也。

［注释］

① 无：原为“毋”。 ② 理：降服。 梁：原为“粱”。 ③ 逴（niē）：踩在脚下的意思。 ④ 待：原为“侍”。 ⑤ 识：原为“织”。 ⑥ 压：原为“瘫”，即“壓”。 骀：同“怠”。 ⑦ 睹：原为“堵”。影本“堵”左旁不清，释“堵”非是。 ⑧ 若有徒与：好像增加了兵力一样。

［原文］

交和而舍，敌人保山而带阻，我远则不接，近则无所[①]，击之奈何？击此者，彼敛阻移□□□□□则危之，攻其所必救，使离其固，以揆[②]其虑，施伏设援[③]，击其移庶[④]。此击保固之道也。

交和而舍，客主两阵，敌人形箕[⑤]，计敌所愿[⑥]，欲我陷覆，击之奈何？击此者，渴者不饮[⑦]，饥者不食，三分用其二，期于中极，彼既□□，材士练兵，击其两翼，□彼□喜□□三军大北。此击箕之道也。

七百一十九

［注释］

① 我远则不接，近则无所：言敌保山带阻，我离敌太远则不能与之交战，太近则又无所依托。 ② 揆：揣度，判断。 ③ 援：原为“爰”。 ④ 移庶：指移动中的敌军。 ⑤ 形箕：疑指把部队布置成簸箕形的阵势。形，原为“刑”。 ⑥ 敌：原为“啇”。 愿：原为“颇（顠）”。 ⑦ 饮：原为“歓”，古饮字。

略　甲[①]

［原文］

略甲之法，敌之人方阵□□无□……

……欲击之，其势不可，夫若此者，下之……

……之以国章，欲战[②]若狂，夫若此者，少阵……

……□反，夫若此者，以众卒从之，篡[③]卒因之，必将……

……篡卒因之，必……

［注释］

① 略甲：此为篇题，原写在本篇第一简简背，可能是略取敌之甲士，即打击强大之敌的意思。本篇简文残缺严重，无法看出其主要内容，各简次序也难以确定，故释文一律提行，不连写。 ② 战：原为

“单”。 ③ 篡:借为“选”。

[原文]

……左右旁伐[①]以相趋,此谓镆钩击[②]。

……之气不藏于心,三军之众□循之知不……

……将分□军以脩其□,人卒寡而民……

……□威□□其难将之□也。分其众,乱其……

……阵不厉,故列[③]不……

……远揄之,敌倦[④]以远……

……治,孤其将,荡[⑤]其心,击……

……其将勇,其卒众……

……彼大众将之……

……卒之道……

[注释]

① 旁伐:疑同《十阵》“方戚从流”之“方戚”。 ② 镆:疑即“畟”。钩击:当是一种战术之名称。 ③ 列:原为“死”。 ④ 倦:原为“券”。 ⑤ 荡:原为“汤”。

客主人分[①]

[原文]

兵有客之分,有主人之分。客之分众,主人之分少,客负。主人半,然[②]可敌也。负……定[③]者也。客者,后定者也,主人安地抚势以胥[④]。夫客犯隘[⑤]逾险而至,夫犯隘……退敢刎颈[⑥],进不敢拒敌,其故何也?势不便,地不利也。势便地利则民自□[⑦]……自退。所谓善战者,便势利地者也。带甲数十万,民有余粮弗得食也,有余……居兵多而用兵少也,居者有余而用者不足。带甲数十万,千千而出,千千而继[⑧]之……万万以遗我。所谓善战者，善翦断之，如□会挩者也。

[注释]

①客主人分：此是篇题，原写在本篇第一简简背。客，指战争中主动进攻的一方。主，指战争中处于防守的一方。分，指分量、比例。本篇认为，战争中人众、粮多、武器精良都不足恃，只有掌握作战规律、明了敌我双方情况并善于利用有利的形势和良好的地形，才是获取胜利的保证。

②然：此字下疑脱一“后”字。 ③定：指做好准备。 ④安地：安居本处。 抚势：谓根据本处地理形势。 胥：通“须”，待也。 ⑤隘：原为“益”。 ⑥刎颈：此处言士卒勇敢，甚至敢于自刎其颈。刎，原为“物”。 ⑦□：简文残存“辵”旁，疑为“进”字。 ⑧继：此字原简残存左旁“㡭”，所以其也可能是“断”字，今依影本释文。

[原文]

能分人之兵，能按①人之兵，则锱［铢］②而有余。不能分人之兵，不能按③人之兵，则数倍而不足。众者胜乎？则投算④而战耳。富者胜乎？则量粟而战耳。兵利甲坚者胜乎？则胜易知⑤矣。故富未居安也，贫未居危也；众未居胜也，少［未居败也］。以决胜败安危者，道也。敌人众，能使之分离而不相救也，受敌者不得相……以为固，甲坚兵利不得以为强，士有勇力不得以卫其将，则胜有道矣。故明主、知⑥道之将必先□，可有功于未战之前，故不失；可有之功于已战之后，故兵出而有功，入而不伤，则明于兵者也。 五百一十四

[注释]

①按：原为“安”。 ②锱(zī)铢(zhū)：均为古代两以下的重量单位，常用来比喻分量极轻。锱，简文原残“金”旁；铢，全缺。今据《淮南子》补。 ③按：原为“案”。 ④算：原为“筭”，古代计数用的算筹。 ⑤知：原为“矨”，古“知”字。 ⑥知：原为“智”。

* * * * * *

[原文]

……焉。为人客则先人作□……

……兵曰:主人逆客于境[1]□……

……客好争则□……

……使劳,三军之士可使毕[2]失其志,则胜可得而据也。是以按左扶右[3],右败而左弗能救;按右扶左,左败而右弗能救。是以兵坐而不起,避[4]而不用,近者少而不足用,远者疏而不能……

[注释] ① 境:原为“竟”。 ② 毕:简文原为“异(異)”字,影本释为“毕(畢)”,恐非是。 ③ 按左扶右:意谓牵制敌人左翼,而攻击其右翼。扶(chī),打、击。 ④ 避:原为“辟”。

善 者[1]

[原文] 善者,敌人军□人众,能使分离而不相救也,受敌而不相知[2]也。故沟深[3]垒高不得以为固,车坚兵利不得以为威,士有勇力而不得以为强。故善者制险量阻[4],敦[5]三军,利屈伸[6],敌人众能使寡,积粮盈军[7]能使饥,安处不动能使劳,得天下能使离,三军和能使柴[8]。

[注释] ① 此是篇题,写在第一简简背。善者,指善战者。本篇指出,善战者在作战时能使自己处于主动地位。 ② 受敌:受到攻击。 不相知:互不知情。 ③ 沟深:此二字简文只残存“水”旁,据文义补。 ④ 制险量阻:考察地形,利用险阻。险,原为“佥”。阻,原为“相”。 ⑤ 敦:督促。 ⑥ 屈伸:进退。屈,原为“诎”。伸,原为“信”。 ⑦ 军:《校理》疑为“库”字。 ⑧ 柴:疑为“訾”字,怨恨。

[原文] 故兵有四路、五动:进,路也;退,路也;左,路也;右,路也。进,动也;退,动也;左,动也;右,动也;默[1]然而处,亦动也。善者四路必彻[2],五动必

工[③]。故进不可迎于前[④]，退不可绝于后[⑤]，左右不可陷[⑥]于阻，默[然而处]，□□于敌之人[⑦]。故使敌四路必穷，五动必忧。进则傅[⑧]于前，退则绝于后，左右则陷于阻，默然而处，军不免于患。

[注释] ① 默：原为"墨"。 ② 彻：原为"徹"，通达。 ③ 工：工巧。 ④ 进不可迎于前：进攻时敌人不能迎击于前。 ⑤ 退不可绝于后：退兵时敌人不能阻截于后。 ⑥ 陷：原为"臽"。 ⑦ □□于敌：根据上下文义，□□疑是"威加"二字。 ⑧ 傅：著也。与敌接触曰傅敌。

[原文] 善者能使敌卷甲趋远[①]，倍道兼行，倦[②]病而不得息，饥渴而不得食。以此薄敌，战必不胜矣[③]。我饱食而待其饥也，安处以待其劳也，正静以待其动也。故民见进而不见退，蹈白刃而不还踵[④]。

二百□十□

[注释] ① 卷甲：卷起铠甲。 趋远：向远方急进。 ② 倦：原作"卷"。 ③ 战必不胜：此指敌方而言。 ④ 蹈：原为"道"。 不还踵（zhǒng）：犹言不旋踵。意谓在战场上虽冒箭矢锋刃而不后退。踵，原为"塦"，脚后跟。

五名五恭[①]

[原文] 兵有五名：一曰威强，二曰轩骄[②]，三曰刚至[③]，四曰助忌[④]，五曰重柔[⑤]。夫威强之兵，则屈软[⑥]而待之；轩骄之兵，则恭敬而久之[⑦]；刚至之兵，则诱而取之；鸲忌[⑧]之兵，则薄其前，噪其旁，深沟高垒而难其粮；重柔之兵，则噪而恐之，振而捅之，出则击之，不出则回[⑨]之。 五名

［注释］

① 五名五恭：本篇原为两段，标题分别写在段末，竹简整理小组据文例、字体合为一篇。《五名》论述如何用不同的方法对付五种情况不同的敌军，《五恭》则论述部队在进入敌方境内后如何交替使用“恭”与“暴”两种手段。 ② 轩骄：疑为高傲、骄悍之意。 ③ 刚至：刚愎自用。至，疑借为“恎”，音 zhì。 ④ 助忌：贪冒疑忌。助，下文作“鸼”，音 diāo。《说文》：“目熟视也。”引申为贪婪的意思。 ⑤ 重柔：行动迟缓且软弱无力的意思。柔，原为“桑”。 ⑥ 屈软：示弱。软，原为“耎”。 ⑦ 恭：原为“共”。 久之：言与之持久。 ⑧ 鸼忌：同“助忌”。 ⑨ 回：围也。

［原文］

兵又五恭、五暴①：何谓五恭？入境②而恭，军失其常。再举而恭，军无所粱③。三举而恭，军失其事④。四举而恭，军无食。五举而恭，军不及事。入境而暴，谓之客。再举而暴，谓之华⑤。三举而暴，主人惧。四举而暴，卒士见诈⑥。五举而暴，兵必大耗⑦。故五恭、五暴，必使相错⑧也。 五恭 二百五十六

［注释］

① 五恭：五种情况下的宽柔手段。恭，循规蹈矩，这里用的是它的引申义。 五暴：五种情况下的强制手段。暴，强制。 ② 境：原为“竟”。 ③ 军无所粱：影本释为“部队征集不到粮草”。《校理》认为：“粱字似有专义，《礼记·曲礼》‘大夫不食粱’，《注》：‘粱，加食也。’《疏》云：‘以其公食大夫礼设正馔之后，乃设稻粱，以其是加也。’本文下云：‘军无食。’食是常食，粱指稻粱，是加食，二语有别也。”无，原为“毋”。 ④ 军失其事：部队贻误战机。《校理》释为“军中无所资用”。 ⑤ 华：邪的意思。可参见《周礼·职方氏》注。 ⑥ 见诈：受骗，得不到真实情况。 ⑦ 耗：原为“秏”。 ⑧ 相错：交替［使用］。

[兵 失][①]

[原文]

欲以敌[②]国之民之所不安,正俗所……难敌国兵之所长[③],耗兵也。欲强多[④]国之所寡,以应敌国之所多,速屈[⑤]之兵也。备固,不能难敌之器用[⑥],陵兵[⑦]也。器用不利,敌之备固,挫[⑧]兵也。兵不……明者也。善阵[⑨],知背向[⑩],知地形,而兵数困,不明于国胜、兵胜者也。

[注释]

① [兵失]:篇题系竹简整理小组所加。本篇分析了作战失利的各种因素,提出了军队要行"起道"主张。 ② 敌:原为"啇"。 ③ ……难敌国兵之所长:此句前面的缺文,据下句句型,可能是"欲强以国兵之所短"。 ④ 强多:勉强增加。 ⑤ 屈:竭尽。 ⑥ 备固,不能难敌之器用:意谓虽设防坚固,但抵挡不住敌人的进攻器械[的威力]。 ⑦ 陵兵:被欺凌的军队。 ⑧ 挫:原为"銼"。 ⑨ 善阵:下脱"者"字。 ⑩ 背向:原为"倍乡",指行军布阵时的所向所背。

[原文]

民……兵不能昌大功,不知会[①]者也。兵失民,不知过者也。兵用力多功少,不知时者也。兵不能胜大患,不能合民心者也。兵多悔[②],信疑者也。兵不能见福祸于未形,不知备者也。兵见善而怠[③],时至而疑[④],去非而弗能居[⑤],止道[⑥]也。贪[⑦]而廉。龙而敬[⑧],弱而强,柔而[刚],起道[⑨]也。行止道者,天地弗能兴也。行起道者,天地……

[注释]

① 会:时机,战机。 ② 悔:原为"母"。 ③ 见善而怠:见到有利条件而懈怠疏忽。 ④ 时至而疑:见到良好时机而犹豫不决。 ⑤ 去非而弗能居:虽能改正错误,但不能坚持下去。 ⑥ 止道:走向灭亡的道路。止,窒息、停滞。 ⑦ 贪:原为"贪"。 ⑧ 龙而敬:

似应为“恭而敬”。可参见《六韬·文韬·明传》一段类似的话。
⑨ 起道:疑指兴旺、胜利之道。

* * * * * *

[原文]

……之兵也。欲以国……
……内疲之兵也。多费不固……
……见敌难服。兵尚淫天地……
……而兵强国……
……兵不能……

将 义[1]

[原文]

将者不可以不义,不义则不严,不严则不威,不威则卒弗死[2]。故义者,兵之首也。将者不可以不仁,不仁则军不克,军不克则军无功。故仁者,兵之腹也。将者不可以无德,无德则无力,无力则三军之利不得。故德者,兵之手也。将者不可以不信,不信则令不行,令不行则军不抟[3],军不抟则无名[4]。故信者,兵之足也。将者不可以不智胜,不智胜……则军无□。故决[5]者,兵之尾也。 将义

[注释]

① 篇题原在本篇第一简简背写作“义将”,在篇末写作“将义”,从文义看应作“将义”。本篇提出将帅必须具备义、仁、德、信、智等品质,与《孙子》所说“将者,智、信、仁、勇、严也”是一致的。 ② 弗死:不肯效死。 ③ 抟:专制,统一。 ④ 名:功绩,功名。 ⑤ 决:果断。

[将 德][1]

[原文]

……赤子,爱之若狡童[2],敬之若严师,用之若

土芥[3],将军……

……不失,将军之智也。不轻寡[4],不劫于敌[5],慎终若始[6],将军……

……而不御,君令不入军门[7],将军之恒也。入军……

……将不两生,军不两存,将军之……

……□将军之惠也。赏不逾[8]日,罚不还[9]面,不维其人[10],不何……

……外辰[11],此将军之德也。

[注释] ①[将德]:篇题为竹简整理小组所加。本篇提出了将帅应具备爱护士卒、不轻敌、能排除国君干扰和赏罚及时等品质。由于残缺严重,本篇内容很不完整,简文排列次序也难以确定。 ② 狡童:面目狡好的幼童。 ③ 土芥:指尘土与草芥。芥,原为"盖",《校理》认为系"壒"之借;壒,尘也,亦作堨。 ④ 轻寡:因敌人少而轻视它。轻,原为"陉"。 ⑤ 劫于敌:为敌人所困。劫,原为"澍"。 ⑥ 慎终若始:在事情将要结束时仍像刚开始那样的谨慎。 ⑦ 君令不入军门:"将在外,君命有所不受"的意思。 ⑧ 逾:原为"榆"。 ⑨ 还:原为"睘"。《校理》认为"睘"应释"旋"。 ⑩ 不维其人:不考虑他是什么人。维,思维、考虑。 ⑪ 辰:北极星。《论语·为政》:"为政以德,譬如北辰,居其所而众星拱之。"

将 败[1]

[原文] 将败:一曰不能而自能。二曰骄。三曰贪于位。四曰贪于财。[五曰]□。六曰轻。七曰迟。八曰寡勇。九曰勇而弱。十曰寡信。十一[曰]……十四曰寡决。十五曰缓。十六曰怠。十七曰□。十八曰贼[2]。十九曰自私。廿曰自乱[3]。多败者多失。

［注释］

① 将败：篇题原单独写在一简上。本篇列举了将帅品质上存在的能够导致失败的种种缺点。 ② 贼：原为"戜（戜）"，残暴。③ 自乱：因朝令夕改而自己导致的混乱。

［将 失］①

［原文］

将失：一曰，失所以往来②，可败也。二曰，收乱民而还用之，止北卒而还斗③之，无资而有资④，可败也。三曰，是非争，谋事辩讼⑤，可败也。四曰，令不行，众不壹，可败也。五曰，下不服，众不为用，可败也。六曰，民苦其师，可败也。七曰，师老⑥，可败也。八曰，师怀⑦，可败也。九曰，兵遁，可败也。十曰，兵□不□，可败也。

［注释］

① ［将失］：篇题为竹简整理小组所加。本篇列举了因将帅失误而导致作战失利的种种情况，其内容与《将败》关系密切，文例、字体也相一致，可能本为一篇。疑《将败》篇末"多败者多失"下即紧接本篇文字。② 失所以往来：指部队失掉明确目标，行动盲目，当往不往，当来不来。③ 斗：原为"斲"。 ④ 无资而有资：本无实力而自以为有实力。⑤ 谋事辩讼：谋划大事时争吵辩论不休［，无法作出决定］。 ⑥ 师老：部队因长期征战在外而得不到休整称为"老"。 ⑦ 师怀：士卒有所怀念和牵挂。

［原文］

十一曰，军数惊，可败也。十二曰，兵道足陷，众苦①，可败也。十三曰，军事险固，众劳②，可败也。十四［曰］，□□□备，可败也。十五曰，日暮③路远，众有至气④，可败也。十六曰，……可败也。十七［曰］，……众恐，可败也。十八曰，令数变，众偷⑤，可败也。十九曰，军淮⑥，众不能其将吏，可败也。廿曰，多幸⑦，众怠，可败也。

[注释] ① 兵道足陷，众苦：道路泥泞难行，人马陷足，众以为苦。② 军事险固，众劳：为修筑险要而坚固的军事设施而致军队疲劳。③ 暮：原作“莫”。 ④ 至：疑借为“恎”，埋怨。 ⑤ 偷：苟且敷衍。 ⑥ 军淮：军心离散。淮，通“乖”。 ⑦ 幸：偏爱，不公平。

[原文] 廿一曰，多疑，众疑，可败也。廿二曰，恶闻其过，可败也。廿三曰，与不能[①]，可败也。廿四曰，暴露伤志[②]，可败也。廿五曰，期战心分[③]，可败也。廿六曰，恃人之伤气[④]，可败也。廿七曰，事伤人，恃伏诈[⑤]，可败也。廿八曰，军舆无□，[可败也。廿九曰，]□下卒，众之心恶，可败也。卅曰，不能以成阵，出于夹道[⑥]，可败也。卅一曰，兵之前行后行之兵，不参齐于阵前[⑦]，可败也。卅二曰[⑧]，战而忧前者后虚，忧后者前虚，忧左者右虚，忧右者左虚，战而有忧，可败也。

[注释] ① 与不能：信任、重用无能之人。与，亲近、交往。 ② 暴露伤志：部队因长期在外征战而挫伤士气。露，原为“路”。 ③ 期战心分：临战之前军心涣散。 ④ 恃人之伤气：企图依赖敌人斗志衰退。⑤ 恃伏诈：单纯依靠阴谋诡诈的手段。 ⑥ 夹：疑借为“狭”。⑦ 兵之前行后行之兵，不参齐于阵前：部队前行后行的各种兵器，不能相互配合在阵前发挥威力。 ⑧ 卅二曰：此处以下数句，可参考《孙子·虚实》：“故备前则后寡……无所不备，则无所不寡。”

[雄牝城][①]

[原文] 城在渒泽[②]之中，无亢山名谷[③]，而有付丘[④]于其四方者，雄城也，不可攻也。军食流[⑤]水，[生水也，不可攻]也。城前名谷，背亢山，雄城也，不可攻

也。城中高外下者，雄城也，不可攻也。城中有付丘者，雄城也，不可攻也。营军趣舍⑥，勿回名水⑦，伤气弱志，可击也。城背名山，无亢山其左右，虚城也，可击也。□尽烧⑧者，死壤⑨也，可击也。军食泛水⑩者，死水也，可击也。城在发泽⑪中，无名谷付丘者，牝城⑫也，可击也。城在亢山间，无名谷付丘者，牝城也，可击也。城前亢山，背名谷，前高后下者，牝城也，可击也。

［注释］

① 雄牝城：此为篇题，系竹简整理小组所加。本篇主要论述了难攻的"雄城"和易攻的"牝城"在地形上的不同特点。　② 渒泽：低洼的小沼泽。　③ 亢：高。　名：大。　④ 付丘：连绵的丘陵。付，通"阜"。　⑤ 流：原为"溜"。　⑥ 营军：安营。　趣舍：行军。趣，原为"取"。　⑦ 回：环绕。　名水：大江大河。　⑧ 烧：疑借为"硗(qiāo)"，指坚硬贫瘠的土地。《校理》认为，尽，即烬；烧，即焚烧。⑨ 死壤：草木不生的土地。壤，原为"襄"。　⑩ 泛水：积水，与流水相对。泛，原作"氾"。　⑪ 发泽：大泽。发，疑借为"沛"。　⑫ 牝(pìn)：雌。牝城与雄城相对。

［五度九夺］①

［原文］

……矣。救者至，又重败之。故兵之大数②，五十里不相救也。况③□□□□□数百里，此程④兵之极也。故兵⑤曰：积弗如，勿与持久。众弗如，勿与接和⑥。□［弗如，勿与□□。□弗如，勿］与攘长。习⑦弗如，毋当其所长。五度既明⑧，兵乃横⑨行。故兵……趋敌数：一曰取粮。二曰取水。三曰取津⑩。四曰取途⑪。五曰取险。六曰取易。七曰［取□。八曰取□。九］曰取其所独⑫贵。凡

九夺，所以趋敌也。 四百二字

[注释]

① 五度九夺：本篇指出，作战中，在条件不利于己方时，应当如何处置；为了挫败敌人，应当与对方争夺些什么。 ② 大数：大要。 ③ 况：原为“皇”。 ④ 程：衡量。 ⑤ 兵：古兵法。 ⑥ 接和：两军正面接战。接，原作“椄”。 ⑦ 习：训练。 ⑧ 五度：即上文所说之“积弗如，勿与持久”等五事。 既：原作“暨”。 明：清楚。 ⑨ 横：原为“衡”。 ⑩ 津：渡口。 ⑪ 途：原作“涂”。 ⑫ 独贵：原作“读贵”，指敌人最为关键的要害之处。

[积 疏][1]

[原文]

……[积]胜疏，盈胜虚，径胜行[2]，疾胜徐，众胜寡，佚[3]胜劳。积故积之[4]，疏故疏之，盈故盈之，虚[故虚之，径故径]之，行故行之，疾故疾之，[徐故徐之，众故众]之，寡故寡之，佚故佚之，劳故劳之，积疏相为变[5]，盈虚[相为变，径行相为]变，疾徐相为变，众寡相[为变，佚劳相]为变。毋以积当积[6]，毋以疏当疏，毋以盈当盈，毋以虚当虚，毋以疾当疾，毋以徐当徐，毋以众当众，毋以寡当寡，毋以佚当佚，毋以劳当劳。积疏相当[7]，盈虚相[当，径行相当，疾徐相当，众寡]相当，佚劳相当。敌积故可疏[8]，盈故可虚，径故可行，疾[故可徐，众故可寡，佚故可劳]。……

[注释]

① 积疏：此篇题为竹简整理小组所加。本篇主要论述了积疏、盈虚、径行、疾徐、众寡、佚劳六对矛盾的相互关系。本篇字体与《五度九夺》相同，二者可能本为一篇。 ② 径：原为“侄”，指小道、捷径。行：大路。 ③ 佚：原作“劮”。 ④ 积故积之：应该集中的就把它集中起来。 ⑤ 积疏相为变：积聚与分散相互变化。 ⑥ 毋以积当积：不要以积聚对积聚。 ⑦ 积疏相当：积聚与分散要相宜。

⑧ 敌积故可疏：敌人兵力积聚，可以使之分散。

奇　正[①]

［原文］

天地之理，至则反，盈则败[②]，□□[③]是也。代[④]兴代废，四时是也。有胜有不胜，五行[⑤]是也。有生有死，万物是也。有能有不能，万生[⑥]是也。有所有余，有所不足，形势是也。故有形之徒，莫不可名[⑦]。有名之徒，莫不可胜[⑧]。故圣人以万物之胜[⑨]胜万物，故其胜不屈[⑩]。战者，以形相胜者也。形莫不可以胜，而莫知其所以胜之形[⑪]。形胜之变，与天地相敝而不穷[⑫]。形胜，以楚越之竹书之而不足。形者，皆以其胜胜者也。以一形之胜胜万形，不可。所以制[⑬]形壹也，所以胜不可壹也。

［注释］

① 奇正：此系篇题，原单独写在一简上。奇正是古代军事学上的一个重要范畴。奇与正相反相成。正指常见的、一般的和正常的，奇指少见的、特殊的和变化的。本篇论述了它们之间的相互关系和变化，以及如何运用这种关系和变化的规律克敌制胜。　② 至则反，盈则败：这里说的是物极必反的道理。至，尽头、极端。　③ □□：此处所缺二字疑是“日月”或“阴阳”。　④ 代：更替。　⑤ 五行：指金、木、水、火、土。古人认为，五行是组成物质的基本要素，而它们之间是相生相克的关系。　⑥ 万生：各种生物。　⑦ 名：命名。　⑧ 胜：制服。⑨ 胜：特性。　⑩ 屈：穷尽。　⑪ 形莫不可以胜，而莫知其所以胜之形：有形之物没有不可以制服的，问题是不知道用什么办法去制服它。此处可参考《孙子・虚实》“人皆知我所以胜之形，而莫知吾所以制胜之形”一语。　⑫ 与天地相敝而不穷：［万事万物相生相克的现象］与天地相始终而无穷无尽。敝，尽。　⑬ 制：原作“裚”。

［原文］

故善战者，见敌之所长，则知其所短；见敌之所不足，则知其所有余。见胜如见日月。其错胜①也，如以水胜火②。形以应形，正也；无形而制形，奇也③。奇正无穷，分也④。分之以奇数⑤，制之以无形，斗之以□□。分定则有形矣，形定则有名［矣］。……同不足以相胜也，故以异为奇。是以静为动奇，佚⑥为劳奇，饱为饥奇，治为乱奇，众为寡奇。发而为正，其未发者奇也。奇发而不报⑦，则胜矣。有余奇者，过胜者也⑧。

［注释］ ① 错胜：犹制胜。错，同“措”，措置。 ② 水胜火：五行说认为水胜火。 ③ 形以应形，正也；无形而制形，奇也：用有形对付有形是正，用无形对付有形是奇。 ④ 奇正无穷，分也：分，影本未释。《校理》认为其疑当读去声，“言奇正相变无穷无尽，而各有自己的分位，即奇是奇，正是正。或说，‘奇正无穷分’是一句，言分为奇正，是无穷的”。⑤ 分之以奇数：《孙子·势》：“凡治众如治寡，分数是也。”梅尧臣注：“部伍奇正之分数，个有所统。”刘寅《直解》：“分，谓偏裨卒伍之分。数，谓十百千万之数。各有统制，而大将总其纲领，故治百万之众与治寡同。”可参考。 ⑥ 佚：原作“失”。 ⑦ 报：复。 ⑧ 有余奇者，过胜者也：《校理》认为：“似谓用奇有余则过胜，过犹不及，过胜谓有不胜，即不得全胜之意。”

［原文］ 故一节①痛，百节不用，同体②也。前败而后不用，同形也。故战势，大阵□断，小阵□解。后不得乘前，前不得然③后。进者有道出，退者有道入。赏未行，罚未用，而民听令者，其令，民之所能行也。赏高罚下④，而民不听其令者，其令，民之所不能行也。使民虽不利，进死而不旋⑤踵，孟贲⑥之所难也，而责之民，是使水逆流⑦也。故战势，胜者益⑧之，败者代之，劳者息之，饥者食之。

故民见□人而未见死，蹈白刃而不旋踵。故行水得其理，漂石折舟⑨；用民得其性⑩，则令行如流。

四百八十七

［注释］ ① 节：骨节，关节。 ② 体：原作“礼”。 ③ 然：借为“蹍”，音 niǎn，践踏的意思，这里指倒退。 ④ 赏高罚下：指赏罚高下(低)，即不论赏罚轻重的意思。 ⑤ 旋：原为“荀”。 ⑥ 孟贲：古之勇士。 ⑦ 流：原为“留”。 ⑧ 益：增。指增加兵力。 ⑨ 漂石折舟：《孙子·势》：“激水之疾，至于漂石者，势也。”可参见。漂，原为“剽”。 ⑩ 性：原为“生”。

附录二、银雀山汉墓竹简《孙膑兵法》摹本

禽龐涓 二三四背

昔者梁君将攻邯鄲使将軍龐涓帶甲八萬 至於茌丘齊君聞之使将軍忌子帶甲八萬至 二三四正

△

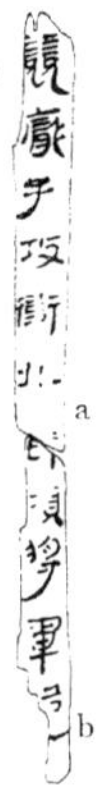

競龐子攻衛 卪負将軍忌 二三五

衛卪負 救與 二三六

救衛是失令田忌 二三七

曰若不救衛将何為孫子曰請南攻平=陵=其城小而縣大人衆甲兵盛東陽 戰邑難攻也吾将示之疑 二三八

吾攻平陵南有 宋北有衛 當涂有市丘是吾糧涂絶也吾将示之不智事於是徙舍而走平陵 二三九

陵忌子召孫子而問曰事将何為孫子曰都夫=孰為不識事曰齊城高唐孫子曰請取所 二四〇

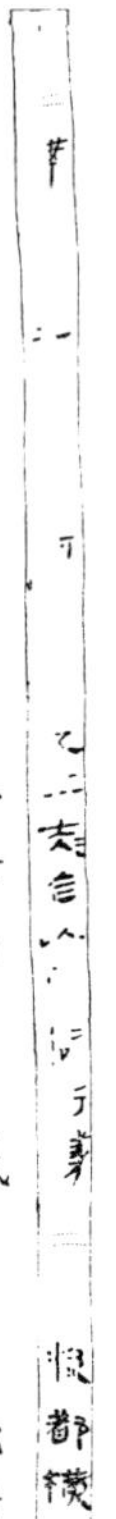

二夫=以 㓕 都横卷四達環涂 横卷所 陳也 二四一

環涂輗甲之所處也吾末甲劲本甲不斷環涂 擊柀其後二夫=可殺也於是段齊城高唐為 二四二

而直将蟻傅平陵挾茁環涂夾擊其後齊城 高唐當術而大敗将軍忌子召孫子問曰吾攻 二四三

平陵不得而亡齊城高唐當術而厥事将何為 孫子曰請遣輕車西馳梁郊以怒其氣分卒而 二四四

從之示之寡於是為之龐子果棄其輜重兼　取舍而至孫子弗息而擊之桂陵而禽龐涓故 二四五

曰孫子之所以為者盡矣　四百六 二四六

孫子見　威王曰夫兵者非士恒埶也此先王之傳道也戰勝則所以在亡國而繼絕世也戰 二四七

不勝則所以削地而危社稷也是故兵者不可不察然夫樂兵者亡而利勝者辱兵非所樂 二四八

也而勝非所利也事備而后動故城小而守固者有委也卒寡而兵强者有義也夫守而 二四九

无委戰而无義天下无能以固且强者堯有　天下之時詘王命而弗行者七夷有二中國四 二五〇

故堯伐負海之國而后北方民得不苛伐共工　而后兵寝而不起施而不用其間數年堯身　二五一

衰而治屈胥天下而傳舜＝擊讙收方之宗擊　歸方之羽毅三苗方之危亡有戶是中國有　二五二

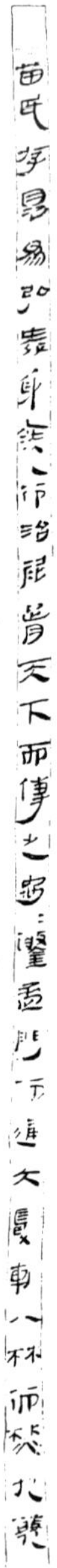

苗民存蜀為弘舜身衰而治屈胥天下而傳之禹＝鑿孟門而通大夏斬八林而焚九　二五三

西面而并三苗　文　二五四

素佚而至利也戰勝而強立故天下服矣昔者神戎戰斧遂黄帝戰蜀祿堯伐共工舜伐劇　二五五

管湯汸桀武王伐紂　帝奄反　故周公淺之故曰德不若五帝而能不及三王　知不若周公曰　二五六

我將欲責仁義式禮樂垂衣常　以禁爭挩　此堯舜非弗欲也不可得故舉兵繩之　二五七

威王問 二五八背

齊威王問用兵孫子曰兩軍相當兩將相望皆 堅而固莫敢先舉 爲之奈何孫子台曰以輕卒 二五八正

嘗之賤而男者將之期於北毋期於得爲之 微陳以觸其廁是冐夫得·威王曰用衆用 二五九

寡有道乎孫子曰有威王曰我强適弱我衆適寡用之奈何孫子再拜曰明王之問夫衆且 二六〇

强敵問用之則安國之道也命之曰贊師毀 卒亂行以順其志則必戰矣威王曰適衆我 二六一

寡適强我弱用之奈何 孫子曰命曰讓威 必臧其尾令之能歸長兵在前短兵在 二六二

為之流努以助其急者　毋動以待適能威　王曰我出適出未知眾少用之奈何孫子命曰　二六三

險=成=適將為正出為三陳一　能相　助可以止而止可以行而行毋求　二六四

△

威王曰毄窮寇奈何孫子　二六五

可以待生計矣威王曰毄鈞奈何孫子曰營而　離之我并卒而毄之毋令適知之然而不離案　二六六

而止毋毄疑威王曰以一毄十有道乎孫子曰有　功其无備出其不意·威王曰地平卒齊合而北　二六七

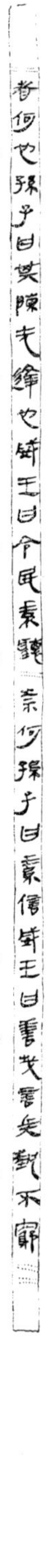

者何也孫子曰其陳无逢也威王曰令民素聽　奈何孫子曰素信威王曰善哉言兵埶不窮　二六八

•

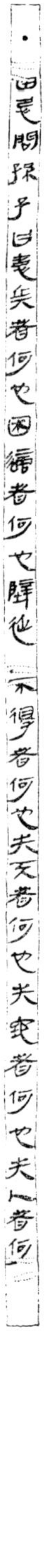

田忌問孫子曰患兵者何也困適者何也壁延　不得者何也失天者何也失地者何也失人者何　二六九

也請問此六者有道乎[a]孫子曰有患兵者地也　困適者險也故曰三里藉洳將患軍[b]　二七〇

涉將留大甲故曰患兵者地也困適者險也壁　延不得者渠寒也　二七一

奈何孫子曰鼓而坐之十而揄之田忌曰行陳已定　動而令士必聽奈何孫子曰嚴而視之利田忌　二七二

曰賞罰者兵之急者耶孫子曰非夫賞者所以喜　衆令士忘死也罰者所以正亂令民畏上也可　二七三

以益勝非其急者也田忌曰權埶謀詐兵之急　者耶孫子曰非也夫權者所以聚衆也埶者所以　二七四

令士必鬭也謀者所以令適无備也詐者所以困　適也可以益勝非其急者也田忌忿然作色此　二七五

六者皆善者所用而子夫=曰非其急者也然則其　急者何也孫子曰繚適計險必察遠近　二七六

△

将之道也必攻不守兵之急者也 二七七

骨也田忌問孫子曰張軍毋戰有道孫子曰有 倅險增壘諍戒毋動毋可朩前毋可怒田忌 二七八

曰適衆且武必戰有道乎孫子曰有埤壘廣志 嚴正輯衆辟而驕之引而勞之攻亓无備出亓 二七九

不意必以爲久田忌問孫子曰錐行者何也鴈行 者何也篡卒力士者何也勁弩趨發者何也 二八〇

剽風之陳者何也衆卒者何也孫子曰錐行者 所以衝堅毀兑也鴈行者所以觸廁應 二八一

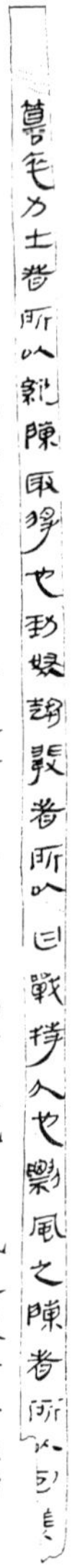

篡卒力士者所以絶陳取將也勁弩趨發者所以 甘戰持久也剽風之陳者所以回 二八二

衆卒者所以分功有勝也孫子曰明主知道之將 不以衆卒幾功孫子出而弟子問曰威王田忌 二八三

臣主之問何如孫子曰威王問九田忌問七幾 知兵矣而未達於道也吾聞素信者昌立義 二八四

用兵无備者傷窮兵者亡齊三葉其憂矣 二八五

善則適為之備矣孫子曰 二八六

△

孫子曰八陳已陳 二八七

孫子曰毋侍 三日 二八八

△

也孫子曰戰 二八九

△

貞、威王 二九〇

△

道也、田忌

二九一

陳忌問壘

二九二背

田忌問孫子曰吾卒少 不相見處此若何曰傳令趣弩舒弓弩

二九二正

不禁爲之柰何孫子曰明將之問也此者人之 所過而不急也此 言之所以疾

二九三

志也·田忌曰可得聞乎曰可用此者所以應卒窘處隘塞死地之中也是吾所以取龐

二九四

而禽泰子申也田忌 曰善事已往而刑不見孫子 曰疾利者所以當構池也 車者所以當壘

二九五

所以當擛也發者所以當俾堄也長兵次之所以救其隋也從次之者所以為長兵 二九六

也短兵次之者所以難其歸而徼其衰也弩次之 者所以當投幾也中央无人故盈之以 二九七

卒已定乃具其法制曰以弩次疾利然后以其法 射之壘上弩戟分法曰見使枼來言而動 二九八

去守五里直候令相見也 高則方之下則員 之夜則舉鼓晝則舉旗 二九九

a

b

田忌問孫子曰子言晉邦之將 荀息孫 軫之於兵也未 三〇〇

a b

無以軍恐不守忌子曰 善田忌問孫子曰子言晉邦之將荀息孫 三〇一

車為晉要秦於肴潰秦軍獲三衛 三〇二

强晉終秦繆公之身秦不敢與 三〇三

也勁将之陳也孫子曰士卒 三〇四

△

田忌曰善獨行之将也 三〇五

△

人田忌請問兵請奈何 三〇六

△

言而後中田忌請問 三〇七

△

兵請奈何孫子 三〇八

請問兵傷 三〇九

見弗取田忌服問孫 三〇

△棗　　馬孫子曰兵之 三一

△應之孫子曰伍 三二

孫子曰皮 三三

△見之孫子 三四

△以也孫 三五

則孫子 三六

明之吳越 言之於齊曰智孫氏之道者必合於天地孫氏者 三一七

△

求其道國故長久孫子 三一八

田忌請問智道奈何孫子 三一九

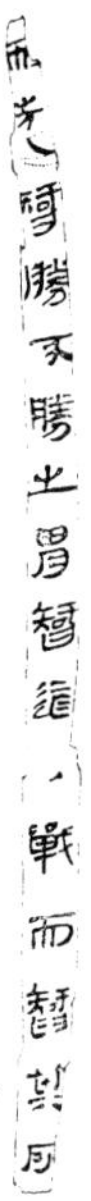

而先智勝不勝之胃智道已戰而智其所 三二〇

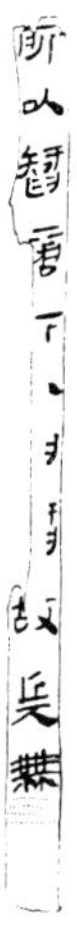

所以智適所以曰智 故兵無 三二一

篡卒 三二二背

孫子曰兵之勝在於篡卒其勇在於制其巧在於埶其利在於信其德在於道其富 三三正

在於亟歸其强在於休民其傷在於數戰・孫子曰德行者兵之厚積也信者兵 三三三

明賞也惡戰者兵之王器也取衆者勝 青 也・孫子曰恒勝有五得主剸制 三三四

勝知道勝得衆勝左右和勝糧適計險 勝・孫子曰恒不勝有五御將不勝不知 三三五

道不勝乖將不勝不用閒不勝不得衆不 勝・孫子曰勝在盡 明賞撰卒乘適 三三六

之 是胃泰武之葆・孫子曰不得主弗將也 三三七

令一曰信 二曰忠 三曰敢 安忠＝王安 信＝賞 安敢＝去不善 不忠 於王不敢用其 三三八

兵不信於賞百生弗德 不敢去不善 百生弗畏 ・二百卌五 三二九

月戰 三三〇背

孫子曰閒於天地之閒 莫貴於人戰 人不單 天時地利人和三者不得 雖勝有央是以必 三三〇正

付與而 戰不得已而後戰故撫時而戰 不復使六眾 无方而戰者小勝以付磿者 三三一

也 孫子曰十戰而六勝以星也十戰而七勝以日 者也十戰而八勝以月者也十戰而九勝月有 三三二

而十勝將 善而生過者也一單 三三三

所不勝者也五=者有所壹不勝故戰之道有多　殺人而不得将卒者有得将卒而不得舍者　三三四

有得舍而不得将軍者有復軍殺将者　故得六道則雖欲生不可得也　八十　三三五

八陳　三三六背

孫子曰知不足将兵自侍也勇不足将兵自廣也不知道數戰不足将兵幸也夫安　三三六正

萬乘國廣萬乘王全萬乘之民命者唯　知=道=者上知天之道下知地之理內得　三三七

其民之心外知適之請陳則知八陳之經見　勝而戰弗見而諍此王者之将也　三三八

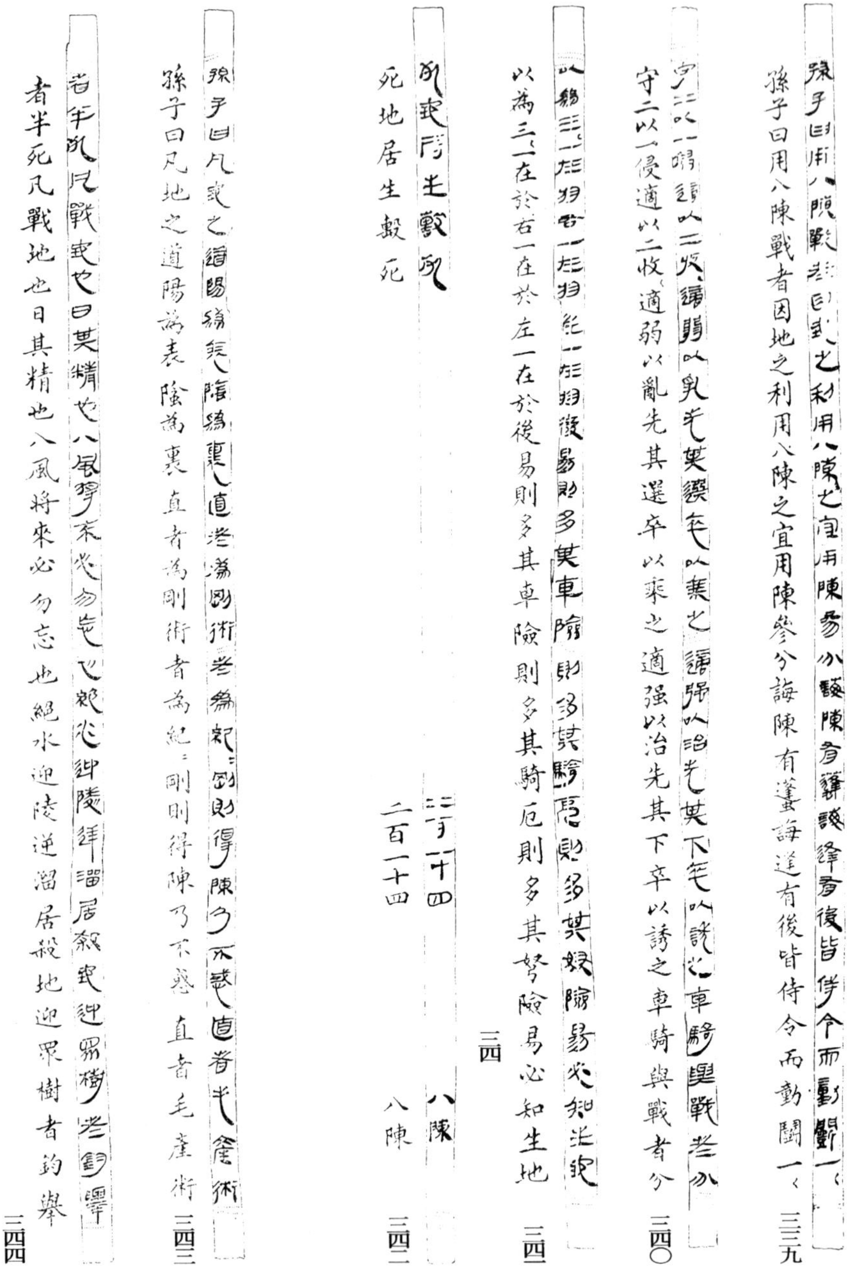
孫子曰用八陳戰者因地之利用八陳之宜用陳參分誨陳有蓳誨逆有後皆侍令而動鬭一， 三三九
守二以一侵適以二收適弱以亂先其選卒以乘之適強以治先其下卒以誘之車騎與戰者分 三四〇
以為三，一在於右一在於左一在於後易則多其車險則多其騎厄則多其弩險易必知生地 三四一
三四
死地居生毄死 二百一十四 八陳 三四二
孫子曰凡地之道陽為表陰為裏直者為剛術者為紀，剛則得陳乃不惑直者毛產術 三四三
者半死凡戰地也日其精也八風將來必勿忘也絕水迎陵逆溜居殺地迎眾樹者鈞舉 三四四

也五者皆不勝南陳之山生山也東陳之山死山也東注之水生水也 北注之水死水不留死水也

三四五

五地之勝曰山勝陵=勝阜=勝陳=丘=勝林平地 五草之勝曰藩棘椐茅莎 五壤之勝青

三四六

勝黃=勝黑=勝赤=勝白=勝青五地之敗曰谿 川澤斥五地之殺曰天井天宛天離天埳天

三四七

招五墓殺地也勿居也勿 也春毋降秋毋 登軍與陳皆毋政前右=周毋左周、地祿 二百

三四八

a

b

埶備

三四九背

a

b

孫子曰夫陷齒戴角前蚤後鋸喜而合怒而斫 天之道也不可止也。故无天兵者自為備聖人之事

三四九正

也黄帝作劍以陳象之笄作弓弩以埶象之禹作　舟車以變象之湯武作長兵以權象之凡此四

三五〇

者兵之用也何以知劍之為陳也旦莫服之未必用　也故曰陳而不戰劍之為陳也劍　无封唯孟賁

三五一

不敢　陳无蓬　非孟賁之勇也敢將　而進者不智兵之至也劍无首鋌唯巧士不能進

三五二

陳无後非巧士敢將而進　者不知兵之請者　故有蓬有後相信不動適人必走无蓬无後

三五三

券不道何以知弓奴之為埶也發於肩應之閒　殺人百步之外不識亓所道至故曰弓　弩埶也何以

三五四

之為變也高則

三五五

△

何以知長兵之權也　擊非高下非

三五六

△

盧毀肩故曰長兵權也凡此四

三五七

所循以成道也知亓道者兵有功主有名

三五八

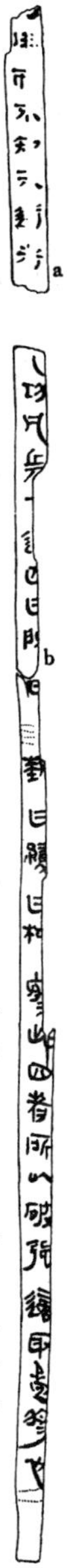

用而不知亓道者 无功凡兵之道四曰陳曰 埶曰變曰權 察此四者所以破强適取孟将也

三五九

埶者攻無備出不意

三六〇

△

中之近

三六一

也視之近中之遠 權者畫多旗夜多鼓所以送 戰也凡此四者兵之用也 皆以為用而莫徼亓道

三六二

得四 者生失四者死

三六三

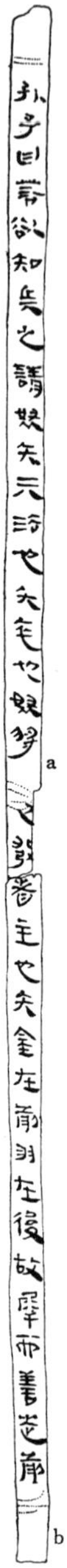

孫子曰若欲知兵之請弩矢亓法也矢卒也弩將　也發者主也矢金在前羽在後故犀而善走前　三六四

後輕故正而聽人　今治卒則後重而前輕　陳之則辨〻趣之適則不聽人治卒不法矢也弩　三六五

者將也弩張棟不正偏強偏弱而不和亓兩洋　之送矢也不壹矢唯輕　重得　前後適猷不中　三六六

將之用心不和　三六七

得猶不勝適也　矢輕重得　前　三六八

適而弩張正亓送矢壹發者非也猶不中昭　也卒巫重得前　後適而將唯於　三六九

兵　猶不勝適也故曰努之中彀　合於四兵有功

三七〇

将也卒也　也故曰　兵勝適也不異於努之中召也此兵之道也

三七一

行篡

三七二背

孫子曰用兵移民之道權衡也權衡所以篡　賢取良也陰陽所以㝡衆合適也正衡再纍

三七二正

暨忠是胃不窮稱　鄉縣衡雖其宜也私公之　財壹也夫民有不足於壽　而有餘於貨者

三七三

有不足於貨而有餘於壽　者唯明王聖人智　之故能留之死者不毒奪　者不温此無窮

三七四

民皆盡力近者弗則遠者無能貸多則辨=則

三七五

民不德其上貨少則卩=則天下以為尊然則為民賕也吾所以為賕也此兵之久也用兵之

三七六

國之祿也

三七七

殺士

三七八背

·孫子曰明爵祿而

三七八正

△

士死明賞罰

三七九

△

士死立
三八〇

必審而行之士死
三八一

△

死橋而下之士死
三八二

之士死　而傳
三八三

△

勉之驩或死州
三八四

△

之親或死貴墓
三八五

△

之譌或死歛食
三八六

處之安或死疾

三八七

疾之間或死

三八八

延氣

三八九背

孫子曰合軍聚衆

復徙合軍務在治兵 利氣臨竟近適務在厲氣戰日有期務在斷

三八九正

氣今日将戰務在延氣

三九〇

以威三軍之士所以敫氣也将軍令

三九一

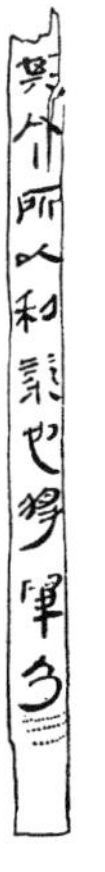

其令所以利氣也将軍乃

三九二

短衣絜袠以勸士志 所以厲氣也将軍令=軍人=爲三日糧國人家爲

三九三

壄國使毋來軍使毋往所以 斷氣也将 軍召将衛人者而告之曰歆食毋

三九四

以延氣

三九五

△

也 ·延氣

三九六

營也以易營之衆而貴武 適必敗氣不利則拙=則不=及=則失=利=

三九七

氣不癘則聶＝則衆＝

三九八

a

氣不斷則迵＝則不槫易散臨難易散必敗

b

三九九

氣不　則隋＝則難＝使＝則不可以合旨

四〇〇

＝則不＝智＝為＝已＝之＝節＝則事

四〇一

△

而弗救身死家殘將軍召使而勉之轚

四〇二

官一

四〇三背

孫子曰凡處卒利陳體甲兵者立官則以身宜賤令以采章乘削以倫物序行以　四〇三正

制卒以周閭授正以鄉曲辯疑以旌輿申令以金鼓齊兵以從迹庵結以人　四〇四

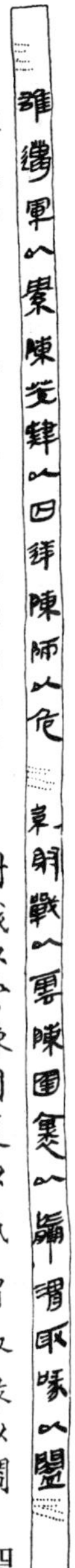

雄邋軍以索陳交肄以囚逆陳師以危　糸射戰以雲陳圍裹以羸渭取喙以闔　四〇五

隧即敗以包　奔救以皮傅燥戰以錯行用　以正　用輕以正散攻兼用行城　四〇六

地　用方迎陵而陳用刲險　用圜交易武退用兵凥　陳臨用方　四〇七

翼汜戰椄脣用喙逢囚險解谷以　遠　草驅沙茶以陽削戰勝而陳以奮國而　四〇八

爲畏以山胠秦怫　以委施　便罷以鴈行險　阨以雜管還退　以蓬錯　繞山林以曲次襲　四〇九

國邑以水則辯　夜退以明簡　夜敬以傳節　厝人内寇以棺士遇短兵以必輿火輸積　四〇

以車陳刃以錐行陳少卒以合＝雜＝所以圍　裹也脩行連削所以結陳也雲折重雜　四一

所權操也　猋凡振陳所以乘疑也隱匿　謀詐所以釣戰也龍隋陳伏所以山鬬也　四二

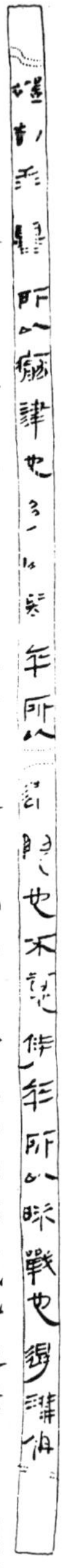

乖舉　所以㵣津也　卒所以　辶　也不意侍卒所以昧戰也過溝　四三

陳所以合少也疏　削明旗所以疑適也㪚　陳輚車所以從遺也椎下移師所以備　四四

强也浮沮而翼所以燧鬬也禪括蘩避　所以莠槀也潤練㪚　便所以逆喙也堅　四五

陳敦　所以攻檋也　棪鹽藩薄所以法　疑也僞遺小亡所以聰敵也重害所以茭　四六

四一七 也順明到聲 所以夜軍也佰奉 離積 所以利勝也剛者所以圍劫也 更者所以過

四一八 木也 者所以圍 也 者所以厭門也 胡退糹入所以解困也

四一九 令以金

四二〇 雲陳圍裏 以闔

四二一 荼以陽削戰

四二二 畏以山 胠秦佛以 委施便罷以傷

四二三 夜退以明簡夜敬

輿火輸積以車陳

四二四

龍隋陳

四二五

也疏削明

四二六

也淵練　便所以逆喙也

四二七

巤藩薄所以泫

所以聰敵也重害所

四二八

奉離積所以利

四二九

所以圍

也序者所以厭

四三〇

子曰善教者於本不臨軍而變故曰五教處國之教一行=之教一處軍之

四三一

不相見利戰之教一處國之教奚如曰

四三二

孝弟良五德者士无壹乎雖能射不登車是 故善射為左善御為御畢毋為右然則三人

四三三

安車五人安伍十人為列百人為卒千人有鼓萬人為戎而衆大可用也 處國之教如此行之教奚

四三四

如廢車罷馬将軍之人必任馬所以衛

四三五

險幼将自立馬所以敵

四三六

足奚行=之教如此處軍之教　四三七

也處軍之教如

之教奚如兵革車甲陳之器也　四三八

以興善然而陳暨利而陳實蘩處陳之教如　此隱而不相見利戰之教　四三九

五教法　四四〇

壘余道使三軍之士皆見死而不見生所　四四一

錙所以教耳也　四四二

以教足也五教暨至目益明　四四三

△

威王問孫子曰

四四四

與齊士教寡人强兵者皆 不同道

四四五

a

b

c

教寡人以正教者有教寡人以

斂者有教寡人以散糧者有教寡人以靜者

四四六

皆非强兵之急者也威

四四七

△

孫子曰富國威王曰富國

四四八

厚威王宣王以勝諸侯至於

四四九

将勝之此齊之所以大敗燕 四五〇

△ 衆乃知之此齊之所以大敗楚人反 四五一

△ 知之此齊之 大敗趙 四五二

△ 人於齧桑而禽汜皋也 四五三

△ 禽唐 也 四五四

△ 禽 褱 四五五

附录三、银雀山汉墓竹简兵法佚文摹本

十陳

一九四背

凡陳有十有枋陳有員陳有跡陳有數陳有　錐行之陳有鴈行之陳有鉤行之陳有玄襄

一九四正

之陳有火陳有水陳此皆有所利、枋陳者所以　剸也員陳者所以槫也跡陳者所以吳也

一九五

數陳者為不可掇錐行之陳者所以決絕　也鴈行之陳者所以接射也鉤行之陳者所以

一九六

變質易慮也玄襄之陳者所以疑眾難　故也火陳者所以拔也水陳者所以倀固也

一九七

枋陳之法必鏄中厚方居陳在後中之鏄也將 以吳也重糸 六非 將以剸也居陳在後所以

一九八

亓甲寡而人之少也是故堅之武者在 旌旗是人者在兵故必疎鉅閒多亓旌旗羽旄砥

一九九

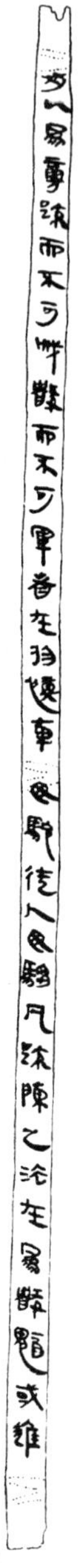

刃以為鋒疏而不可蹙數而不可軍者在於慎車 毋馳徒人毋騶凡疏陳之法在為數醜或進

二〇〇

或退或毄或䫄或與之征或要亓衰然則疏可 以取閱矣

二〇一

數陳之法毋疏鉅閒戚而行首積刃而信之前 後相葆變 ＝甲恐則坐以聲坐＝往者弗送

二〇二

來者弗止或毄亓迂或辱亓閒 舁之而无閒斬 山而退然則數不可掇 也

二〇三

a
b

·錐行之陳卑之若劍末不閱則不入刃不溥則不剸本不厚則不可以列陳是故末必閱刃必溥

二〇四

本必鴻然則錐行之陳可以決絕矣

二〇五

中此謂鴈陳之任前列若蠸後列若貍三

二〇六

闕羅而自存此之胃鴈　陳之任

二〇七

鉤行之陳前列必枋左右之和必鉤參聲氣全　五菜必具辨吾號聲知五旗无前无後无

二〇八

·玄襄之陳必多旌旗羽旄鼓罪=莊甲亂則　坐車亂則行已治者　榼=啐=若從天下若從

二〇九

地出徒來而不屈終日不拙此之胃 玄 襄 之 陳 二〇

·火戰之法溝壘已成重為溝漸 五步積薪必均 疏數從役有數令之為屬枇必輕必利風辟 二一

火氣自覆 與之戰弗克坐行而北火戰之法下而衍以芥 二二

三軍之士无所出泄若此則可火也陵蓩薺芥 薪蕘氣積 營窋未謹如此者可火也以火亂 二三

之以矢雨之鼓譟敦兵以埶助之火戰之法 二四

·水戰之法必衆亓徒而寡亓車令之為鉤楷蓯 柤貳輯 絳皆具進則必遂退則不戚方 二五

戚從流以適之人爲召水戰之法便舟以爲旗 馳舟以爲使 適往則遂 適來則戚 推攘

二二六

因慎而飭之移而革之陳而 之規而離之故兵 有誤車有御徒必察亓衆少毄舟頪津示民

二二七

徒來水戰之法也 七百八十七

二二八

十問

二二九背

• 兵問曰交和而舍 粱食鈞足人兵適衡 客主兩 懼 適人員陳以胥因以爲固 擊

二二九正

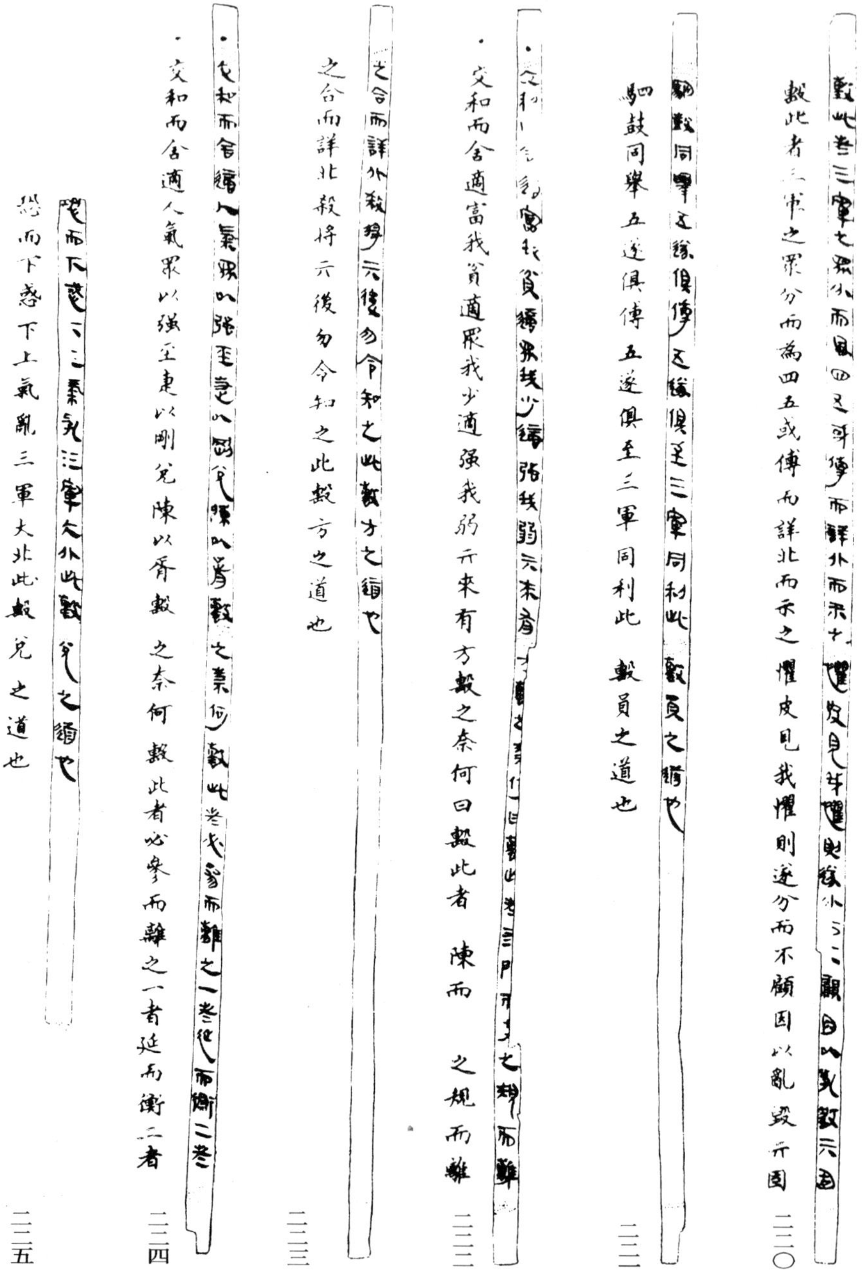
數此者三軍之眾分而為四五或傳而詳北而示之懼皮見我懼則遂分而不顧因以亂毀亓固
二二〇
駟鼓同舉五遂俱傳 五遂俱至三軍同利此 數員之道也
二二一
交和而舍適富我貧適眾我少適強我弱亓来有方數之奈何曰數此者 陳而 之規而離
二二二
之合而詳北數將亓後勿令知之此數方之道也
二二三
交和而舍適人氣眾以強亟走以剛兌陳以胥數 之奈何數此者必參而離之一者延而衡二者
二二四
怂而下恐下上氣亂三軍大北此數兌之道也
二二五

·交和而舍適氣衆以强延陳以衡我陳而侍之人少不能縠之奈何縠此者必将參分我兵練我

二二六

死士二者延陳長翌一者財士陳兵期六中極此　縠将縠衡之道也

a b

二二七

·交和而舍我人兵則衆車騎則少　適人什負縠　之奈何縠此者當葆險帶隘慎避光易故

二二八

易則利車險則利徒此縠車之道也

二二九

·交和而舍我車騎則衆人兵則少適人什負縠之　奈何縠此者慎避險且決而道之柢諸易適

二三〇

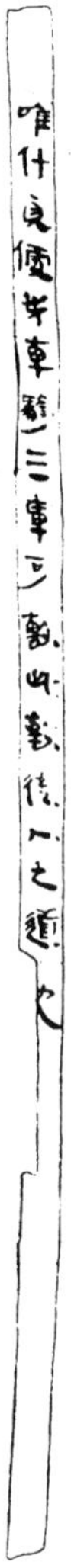

唯什負便我車騎三軍可縠此縠徒人之道也

二三一

·交合而舍粱食不屬人兵不足恃·絕根而攻適人　十負　擊之奈何曰擊此者適人氣　而守阻我　二三二

反而害亓虛此擊爭扌之道也　二三三

·交和〃　適將男而難攫兵強人衆自固三軍之士皆男而毋慮亓將則威亓兵則武而理強粱　二三四

吏諸侯莫之或待　擊之奈何曰擊此者告之不　敢示之不能坐拙而待之以驕亓意以隨亓志使　二三五

適弗織因擊亓不　攻亓不御癥亓駘攻亓疑皮　氣責氣武三軍徙舍前後不相堵故中而　二三六

擊之若有徒與比擊強衆之道也　二三七

·交和而舍適人葆山而帶阻我遠則不接近則毋　所毄之奈何毄此者皮斂阻移

二三八

則危之攻亓所必救使離亓固以揆亓慮施伏設　爰毄亓移庶此毄葆固之道也

二三九

·交和而舍客主兩陳適人刑箕計商所錯欲我陷　復毄之奈何毄此者渴者不飲飢者不食三

二四〇

a

b

分用亓二期於中極皮氣　財士練兵毄亓兩　翼乂皮　喜　三軍大北此毄箕之道也　七百九

二四一

略甲

二四二背

略甲之法商〈〉之人方陳 无

二四二正

欲毄之元埶 不可夫若此者下之

二四三

以國章欲單 若狂夫若此者少陳

二四四

反夫若此者以衆 卒從之篡卒因之必將

二四五

篡卒因之必

二四六

左右旁伐以相趨此胃鑺鉤毄

二四七

之氣不藏　於心三軍之衆　循之知不

二四八

将分　軍以脩　身而民

二四九

戚　亓難将之　也分亓衆亂亓

二五〇

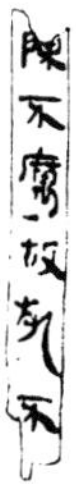

陳不厲故列不

二五一

遠榆之適券以遠

二五二

治孤亓将湯亓心毄

二五三

兵將勇兵卒衆

二五四

彼大衆將之

二五五

卒之道

二五六

客主人分

二五七背

·兵有客之分有主人之分客之分衆主人之分少客負　主人半然可啇也負

二五七正

定者也客者後定者也主人安地抚埶以胥夫客　犯益逾險而至夫犯益

二五八

退敢物頸進不敢距商兵故何也埶不便地不利　也埶使地利則民自之

二五九

自退所胃善戰者便埶利地者也帶甲數十萬民有餘糧弗得食也　有餘

二六〇

居兵多而用兵少也　居者有餘而用者不足帶甲　數十萬千　而出千=而遂之

二六一

萬=以遺我所胃善戰者善翦斷之如　會　抚者也能分人之兵能安人之兵則金　而有余

二六二

不能分人之兵不能案人之兵則數　負而不足衆者勝乎則投筭而戰耳富者勝乎則量粟而戰

二六三

耳兵利甲堅者勝乎則勝易知矣故富未居安 也貧未居危也衆未居勝也少

二六四

以決勝敗安危者道也 適人衆能使之分離而不相救也 受適者不得相

二六五

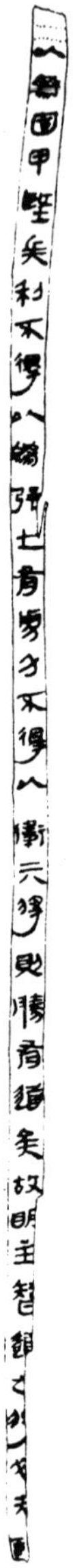

以爲固甲堅兵利不得以爲强士有勇力不得以 衛亓將則勝有道矣故明主智道之將必先言

二六六

可有功於未戰之前故不失可有之功於已戰之 後故兵出而有功入而不傷則明於兵者也 五百一十四

二六七

焉爲人客則先人作

二六八

兵曰主人逆客於竟[illegible]

二六九

客好事則

二七〇

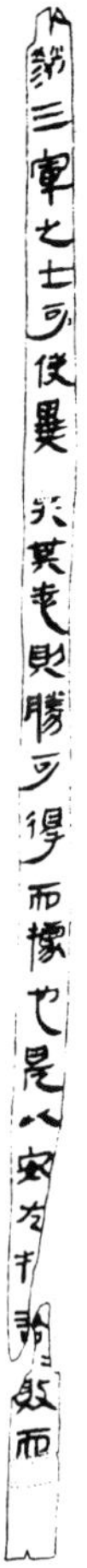

使勞三軍之士可使異　失其志則勝可得而據也是以安左扶右=敗而

二七一

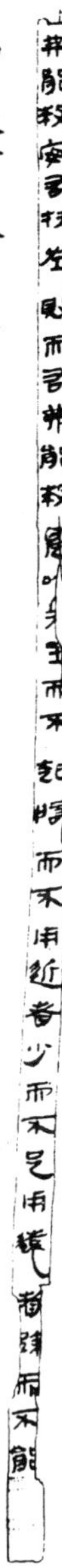

左弗能救安右扶左=敗而右弗能救是以兵坐而不　起辟而不用近者少而不足用遠　者疏而不能

二七二

善者

二七三背

善者敵人軍　人衆能使分離而不相救也受　敵而不相知也故溝深壘　高不得以爲固車堅

二七三正

兵利不得以爲威士有勇力而不得以爲强故　善者制險量柤敦三軍利詘信敵人衆能使 二七四

寡積糧盈軍能使飢安處不動能使勞得　天下能使離三軍和能使柴故兵有四路五 二七五

動進路也退路也左路也右路也進動也退　動也左動也右動也墨然而處亦動也善 二七六

者四路必徹五動必工故進不可迎於前退不可絶於後左右不可臽於柤墨 二七七

於敵之人故使敵四路必窮五動必憂進則　傳於前退則絶於後左右則臽於柤墨然而 二七八

處軍不免於患善者能使適卷甲趨遠倍道　兼行卷病而不得息飢渴而不得　食以此薄 二七九

適戰必不勝矣我飽食而侍亓飢也安處以 侍亓勞也正靜以侍亓動也故民見進而不

二八〇

見退道白刃而不還墥

二百

二八一

•兵有五名一曰威强 二曰軒驕 三曰剛至四曰助忌五曰重柔夫威强之兵則詘耎而侍之軒驕之

二八二

兵則共敬而久之剛至之兵則誘而取之瞗忌之 兵則薄其前譟其旁深溝高壘而難其糧

二八三

重柔之兵則譟而恐之振而捅之出則擊之不 出則回之

•五名

二八四

·兵有五共五暴何胃五共入競而共軍失其常再 舉而共軍毋所梁三舉而共軍失其事四舉而

二八五

共軍无食五舉而共軍不及事入競而暴胃之客 再舉而暴胃之華 三舉 而暴主人懼四舉

二八六

而暴卒士 見詐五舉而暴兵必大耗故五共五暴必使相錯也 ·五共 二百五十六

二八七

·欲以偙國之民之所不安正俗所

二八八

難偙國兵之所長耗兵也欲強多國之所寡以應偙國之所多速詘

二八九

之兵也備固不能難備之器用陵兵 也器用不利備之備固巠兵也兵不

二九〇

者也善陳知倍鄉知地刑

二九一

而兵數国不明於國勝兵勝者也民

二九二

兵不能昌大功不知會者也兵失民不知過者

二九三

也、兵用力多功少不知時者也、兵不能勝大患不能合民心者也兵多悉信

二九四

疑者也、兵不能見福禍於未刑不知備者也、兵見善而怠時至而疑去非而

二九五

弗能居止道也畣而廉　龍而敬　弱而　强柔而

二九六

起道也行止道者天地弗

二九七

能興也行起道者天地

二九八

之兵也欲以國

二九九

秉内罷之兵也多費不固

三〇〇

見僑難服、兵尚淫天地

三〇一

而兵　强國

三〇二

兵不能

三〇三

義将

三〇四背

将者不可以不義＝則不嚴則不威　則卒弗死故義者兵之首也将者不可以不＝仁＝則軍＝不尅＝

三〇四正

則軍无功故仁者兵之腹也将者不可以无＝德＝則无＝力＝則三軍之利不得故德者兵之手

三〇五

也将者不可以不=信=則令=不=行=則軍=不=槫=　則无名故信者兵之足也将者不可以不=智勝=

三〇六

則軍无　故夬者兵之尾也

将義

三〇七

赤子愛之若狡童敬之若嚴師用之若土蓋将軍

三〇八

不失将軍之知也不陘寡不洳於適慎終若始将軍

三〇九

而不御君令不入軍門将軍之恆也入軍

三一〇

将不兩生軍不兩存将軍之

三一

将軍之惠也賞不榆日罰不睘面不維其人不何

三二

外辰此将軍之德也

三三

将敗

三四

将敗一曰不能而自能二曰驕三曰貪於位四曰貪於財

六曰軽七曰遲

三五

八曰寡勇、九曰勇而弱、十曰寡信 十一

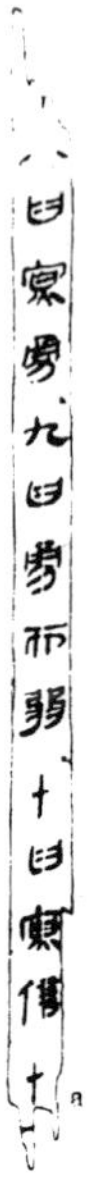

十四曰寡決

三一六

十五曰緩 十六曰急 十七曰月 十八曰眡 十九曰自私、廿曰自亂 多敗者 多失

三一七

将失一曰失所以往來可敗也、二曰收亂 民而罠用之止北卒而罠 斲之无資而

三一八

有資可敗也、三曰是非爭、謀事辯訟 可敗也、四曰令不行眾不壹可敗也、五曰

三一九

下不服眾不為用可敗也、六曰民苦亓師 可敗也、七曰師老可敗也、八曰師懷 可

三二〇

敗也、九曰兵盾可敗也、十曰兵　不　可　敗也、十一曰軍數驚可敗也、十二曰兵道

三三一

足陷衆苦可敗也、十三曰軍事險固衆　勞可敗也、十四　　備可敗也、十五

三三二

曰日莫路遠衆有至氣可敗也　十六曰　　可敗也　十七

三三三

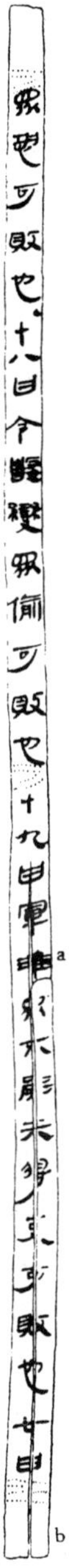

衆恐可敗也、十八曰令數變衆偷可敗也　十九曰軍淮衆不能亓將吏可敗也　廿曰

三三四

多幸衆怠可敗也、廿一曰多疑衆疑可敗也、廿二曰惡聞亓過可敗也、廿三曰與不

三三五

能可敗也、廿四曰暴路傷志可敗也、廿五曰期戰心分可敗也、廿六曰恃人之傷

三三六

氣可敗也、廿七曰事傷人恃伏詐可敗　也、廿八曰軍輿无

三二七

下卒衆之心· 惡可敗也、卅曰不能以成陳出於夾道可敗也、卅一曰兵之前行後

三二八

行之兵不參齊於陳前可敗也、卅二曰　戰而憂前者後虛憂後者前虛憂左

三二九

者右虛憂右者左　虛戰而有憂可敗也

三三〇

城在渒澤之中无亢山名谷而有付丘於其四方　者雄城也不可攻也軍食溜水

三三一

也城前名谷倍亢山雄城也不可攻也城中高外下者雄城也不可攻也城中有付丘者雄城也

三三二

不可攻也營軍取舍毋回名水傷氣弱志可毄也 城倍名谷无亢山其左右虛城也可毄也

三三三

盡燒者死襄也可毄也軍食氾水者死水也可毄也城在發澤中无名谷付丘者牝城也可毄

三三四

也城在亢山閒无名谷付丘者牝城也可毄也城 前亢山倍名谷前高後下者牝城也可毄也

三三五

矣救者至有重 敗之故 兵之大數五十里不相救也皇 近

三三六

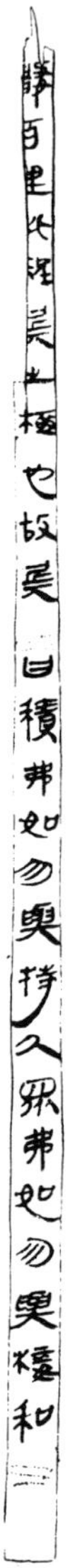

數百里此程兵之極也故兵　曰積弗如勿與持久眾弗如勿與椄和

三三七

與衰長習弗如　毋當其所長五度暨明兵乃衡行故兵

三三八

趨適數一曰取糧二曰取水三曰取津、四曰取涂五曰取險　六曰取易七曰

三三九

曰取其所讀貴凡九奪　所以趨適也

·四百二字

三四〇

勝疏盈勝虛徑勝行疾　勝徐眾勝寡佚勝勞積故　積之疏故疏之

三四一

盈故盈之虛

之行故行之疾故疾之

之寡故寡之

三四二

劮故劮之勞故勞之積踈相為變盈虛

變疾徐相為變眾寡相

三四三

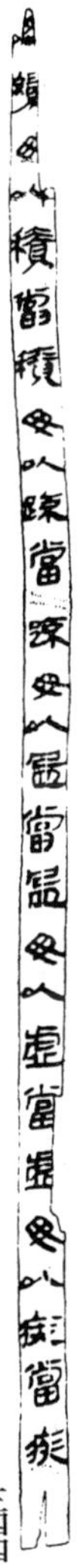

為變毋以積當積毋以踈當踈毋以盈當盈毋以虛當虛毋以疾當疾

三四四

毋以徐當徐毋以眾當眾毋以寡當寡毋以劮當劮毋以勞當勞、積踈相當盈虛相

三四五

相當、劮勞相當適積故可踈盈故可虛、徑故可行疾

三四六

奇正 三四七

天地之里至則反盈則敗 是也代興代廢四時是也有勝有不勝五行是也 三四八

有生有死萬物是也 有能有不能萬生是也 有所有餘有所不足刑埶是也故有 三四九

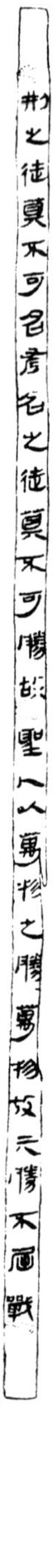
刑之徒莫不可名有名之徒莫不可勝故 聖人以萬物之勝＝萬物故亓勝不屈戰 三五〇

者以刑相勝者也刑莫不可以勝而莫智亓 所以勝之刑＝勝之變與天地相敝而不窮 三五一

刑勝以楚越之竹書之而不足刑者皆以亓 勝＝者也以一刑之勝＝萬刑不可所以制刑 三五二

壹也所以勝不可壹也故善戰者見適之所長則智亓所短見適之所不足則智

三五三

亓所有餘見勝如見日月亓錯勝也如以水 勝火刑以應刑正也無刑而裚刑奇也

三五四

奇正無窮分也分之以奇數裚之以五行斷之以 分定則有刑矣刑定則有名

三五五

目 同不足以相勝也故以 異為奇〻是以靜為動奇失為勞奇飽

三五六

為飢奇治為亂奇眾為寡奇發而為 正亓未發者奇也奇發而不報則勝

三五七

矣有餘奇者過勝者也故一節痛百節 不用同禮也前敗而後不用同刑也

三五八

故戰埶大陳 斷小陳 解後不得乘 前=不得然後進者有道出退者有

三五九

道入賞未行罰未用而民聽令者亓令 民之所能行也賞高罰下而民不聽

三六〇

亓令者亓令民之所不能行 一使民唯 不利進死而不筍踵孟賁之所難也

三六一

而責之民是使水逆留也故戰埶勝 者益之敗者代之勞者息之飢者食

三六二

之故民見 人而未見死、道白刃而不筍踵故行水得 亓理剽石折舟用民得

三六三

亓生則令行如留 四百八十七

三六四

附录四、《史记·孙子(膑)列传》原文及译文

[原文]

孙武既死,后百余岁有孙膑。膑生阿鄄之间,膑亦孙武之后世子孙也。孙膑尝与庞涓俱学兵法。庞涓既事魏,得为惠王将军,而自以为能不及孙膑,乃阴使召孙膑。膑至,庞涓恐其贤于己,疾之,则以法刑断其两足而黥之,欲隐勿见。

齐使者如梁,孙膑以刑徒阴见,说齐使。齐使以为奇,窃载与之齐。齐将田忌善而客待之。忌数与齐诸公子驰逐重射。孙子见其马足不甚相远,马有上、中、下辈。于是孙子谓田忌曰:“君弟重射,臣能令君胜。”田忌信然之,与王及诸公子逐射千金。及临质,孙子曰:“今以君之下驷与彼上驷,取君上驷与彼中驷,取君中驷与彼下驷。”既驰三辈毕,而田忌一不胜而再胜,卒得王千金。于是忌进孙子于威王。威王问兵法,遂以为师。

其后魏伐赵,赵急,请救于齐。齐威王欲将孙膑,膑辞谢曰:“刑余之人不可。”于是乃以田忌为将,而孙子为师,居辎车中,坐为计谋。田忌欲引兵之赵,孙子曰:“夫解杂乱纷纠者不控捲,救斗者不搏撠,批亢捣虚,形格势禁,则自为解耳。今梁赵相攻,轻兵锐卒必竭于外,老弱罢于内。君不若引兵疾走大梁,据其街路,冲其方虚,彼必释赵而自救。

是我一举解赵之围而收弊于魏也。”田忌从之，魏果去邯郸，与齐战于桂陵，大破梁军。

后十三岁，魏与赵攻韩，韩告急于齐。齐使田忌将而往，直走大梁。魏将庞涓闻之，去韩而归，齐军既已过而西矣。孙子谓田忌曰：“彼三晋之兵素悍勇而轻齐，齐号为怯，善战者因其势而利导之。兵法，百里而趣利者蹶上将，五十里而趣利者军半至。使齐军入魏地为十万灶，明日为五万灶，又明日为三万灶。”庞涓行三日，大喜，曰：“我固知齐军怯，入吾地三日，士卒亡者过半矣。”乃弃其步军，与其轻锐倍日并行逐之。孙子度其行，暮当至马陵。马陵道陕，而旁多阻隘，可伏兵，乃斫大树白而书之曰“庞涓死于此树之下”。于是令齐军善射者万弩，夹道而伏，期曰“暮见火举而俱发”。庞涓果夜至斫木下，见白书，乃钻火烛之。读其书未毕，齐军万弩俱发，魏军大乱相失。庞涓自知智穷兵败，乃自刭，曰：“遂成竖子之名！”齐因乘胜尽破其军，虏魏太子申以归。孙膑以此名显天下，世传其兵法。

［译文］　孙武去世一百多年之后，齐国又出现了一位著名的军事家名叫孙膑。孙膑生于阿（今山东阳谷东北）、鄄（今山东鄄城县北旧城）之间，是孙武的后世子孙。孙膑曾经与庞涓一起学习兵法，庞涓后来去了魏国，当了魏惠王的将军。但是，庞涓清楚地知道自己的能力赶不上孙膑，于是便私下里派人去邀请孙膑到他这里来。孙膑来到魏国之后，庞涓害怕他的本领超过自己，便罗织罪名，把他处以膑刑，并且在脸上刺了字，企图让世人无法见到和了解孙膑。

后来，齐国的使者来到大梁（今河南开封），孙膑以刑徒的身份暗地里前去求见、说服齐使。齐使见到孙膑之后，大为惊奇，认为孙膑是一个不可多得的人才，便在回国的时候偷偷地将他用车载回了齐国。齐国大将田忌对孙膑很友好，把他当作自己的宾客，并让他住在自己府里。

田忌在闲暇之时经常与齐国的公子们赌赛马。孙膑经过观察之后，发现他们的马匹足力相差不是很大，都可以大致分为上、中、下三等。于是，他对田忌说："您很喜欢赌赛马，我能让您赢得比赛。"田忌相信孙膑所说的话，因而便与齐威王及各位公子再次打赌赛马，并且把赌注定为千金。待到临近比赛的时候，孙膑对田忌说："今天，请您用自己的下等马与对方的上等马比赛，用自己的上等马与对方的中等马比赛，用自己的中等马与对方的下等马比赛，我保证您将赢得千金。"想不到，三轮比赛下来，田忌果然输一局而赢两局，赢了齐威王千金。

通过这次比赛，田忌对孙膑的才能有了更进一步的了解，于是便将孙膑推荐给了齐威王。齐威王向孙膑询问了有关兵法方面的问题，也认为孙膑的确具有真才实学，遂任命他为齐国的军师。

此后不久，魏国攻打赵国国都邯郸（今河北邯郸），情况十分危急，赵国不得已只好向齐国求救。齐威王本想任命孙膑为将领兵救赵，孙膑说："我是受过刑罚的人，不宜为将，免得让诸侯们笑话。"于是，齐威王便任命田忌为将，而以孙膑为军师，让他坐在轻便的辎重车中，为田忌出谋划策。

齐军出发之后，田忌想率兵直奔赵都邯郸，孙膑说："要想解开杂乱纠缠的绳索，不能握起拳头硬砸；要劝解、拉开打架斗殴的人，不能直接去夺他们手里的武器，而要控制其关键之处，打击其空虚之处，这样，由于形势的牵制和阻碍，他们就会自动分开。现在，魏国攻打赵国，其精锐士卒必然都在外面，而国内只剩下一些衰老疲弱之人。在这种情况下，您不如迅速率兵直奔大梁，占领其交通要道，攻击其空虚之处，他们必然会放弃赵国而回兵援救大梁。如此，我军就会一举两得，既解了赵都之围，又能使魏国陷入困境。”田忌采纳了孙膑的建议，按计行事，魏军果然放弃邯郸，回兵自救，结果在桂陵（今山东菏泽东北，一说为今河南长垣西北）遭到齐军的伏击，被打得大败。

十三年之后，魏国与赵国攻打韩国，韩国也向齐国告急求救。齐威王再次派田忌率军往救，田忌仍旧采取围魏救赵的策略，率领齐军直奔大梁。魏将庞涓得到消息之后，立即率领魏军放弃攻韩而回兵自救，而这个时候齐军已经越过齐、魏边境向西去了。孙膑对田忌说：“韩、赵、魏三国之兵一向强悍勇猛而轻视齐军，齐军号称怯懦，善于指挥打仗的人应当因势利导，巧妙地利用这些情况。《孙子兵法》上说：‘急行军上百里去争利，将会使军队损失上将军；急行军五十里去争利，将会使部队只有一半的人到达目的地。’如此，我们应当命令齐军在一进入魏国境内时垒十万个锅灶，第二天垒五万个锅灶，第三天只垒三万个锅灶，以此向魏军示怯，麻痹庞涓。”

庞涓率魏军进入自己境内之后，对齐军的踪迹进行了连续三天的仔细观察，禁不住心中大喜，说：“我早就知道齐军怯懦，现在他们进入我魏国境内才三天，逃亡的士卒就超过了一半！”于是，他丢掉步兵，只率领精锐的轻骑兵倍道兼程，日夜不停，追击前面的齐军。

孙膑按当时的行军速度推测，估计这天的傍晚魏军应当到达马陵（今山东郯城马陵山，一说在今河北大名东南，一说在今河南范县西南）。马陵这个地方，道路狭窄难走，而且两旁地形复杂险要，可以布设埋伏，因而孙膑便命人把路边的一棵大树砍去树皮,使其露出白色的树干,在上面写上了“庞涓死于此树之下”的字样。然后,他又命令齐军中善于射弩箭的士卒一万多人,夹道埋伏下来,和他们约定说:“傍晚看见火光就一齐放箭!”

庞涓果然在天刚黑的时候赶到了那棵大树下面。他见树干发白,上面好像有字,就命令手下人点起火把烛照。然而,还没等他念完上面的文字,齐军就万弩齐发,放起箭来。霎时间,箭矢如雨而下,魏军登时大乱,谁也顾不上谁,纷纷四散逃命。庞涓自知计穷力尽,大势已去,遂拔剑自杀。临死时,他无可奈何地说:“终于成就了这小子的名声!”

齐军乘势将魏军彻底击败,俘虏了魏太子申,然后撤兵回国。孙膑则因此而名扬天下,他的兵法在各国流传开来。

图书在版编目(CIP)数据

孙子兵法译注 孙膑兵法译注／田昌五，李兴斌，邵斌译注．—济南：齐鲁书社，2009.4（2016.2 重印）
（齐鲁文化经典文库）
ISBN 978-7-5333-2168-0

Ⅰ．孙… Ⅱ．①田…②李…③邵… Ⅲ．①兵法—中国—春秋战国时代②孙子兵法—译文③孙子兵法—注释④孙膑兵法—译文⑤孙膑兵法—注释 Ⅳ．E892.25

中国版本图书馆 CIP 数据核字(2009)第 016953 号

齐鲁文化经典文库
孙子兵法译注 田昌五 译注
孙膑兵法译注 李兴斌 邵斌 译注

主管单位 山东出版传媒股份有限公司
出版发行 齊魯書社
社　　址 济南市英雄山路 189 号
邮　　编 250002
网　　址 www.qlss.com.cn
电子邮箱 qilupress@126.com
营销中心 (0531)82098521 82098519
印　　刷 山东临沂新华印刷物流集团有限责任公司
开　　本 720mm×1020mm 1/16
印　　张 18.25
插　　页 3
字　　数 254 千
版　　次 2009 年 4 月第 1 版
印　　次 2016 年 2 月第 2 次印刷
标准书号 ISBN 978-7-5333-2168-0
定　　价 **35.00 元**